《未来世界を哲学する》編集委員会［編］

未来世界を哲学する

第7巻

生活保障と税制度の哲学

神島裕子
［責任編集］

金山 準・早川健治・迫田さやか・木山幸輔
［著］

丸善出版

《未来世界を哲学する》編集委員会

まえがき

バブル経済（一説には一九八六年から一九九一年まで）が終焉してからの日本の三〇年は、「失われた三〇年」だと言われることがある。だが、バブル経済を経験しなかった世代、あるいはその恩恵を享受しなかった人びとにとって、何が本当に失われたのかを想像することは難しい。バブル時代を懐かしむメディアが伝えるのは、ボディコン・ワンレン姿の女性たちが大人数で踊っているディスコであり、一万円札をヒラヒラさせてタクシーを止めようとする乗客の姿であり、地上げと立ち退きによる建設ラッシュである。

その時代には株価が上がり、金利も上がった。国際社会における日本の地位も高まった。開発途上国に対する日本の政府開発援助（ＯＤＡ）の金額は世界一となり、日米関係について論じた石原慎太郎と盛田昭夫の『「ＮＯ」と言える日本』がミリオンセラーとなった。ビジネスマンに対しては、「いってらっしゃい。エイズに気をつけて」というポスターで啓発が行われ、テレビコマーシャルでは「24時間戦えますか」と問われた。稼ぐこと／稼げることで、さまざまなドアが開いた時代だった。ではそのドアの向こうには、何があっただろうか。

カネの亡者となってしまった人間は、ときに視野狭窄に陥る。一九二〇年代アメリカの狂躁を描いたF・スコット・フィッツジェラルドの『グレート・ギャッツビー』は、「ぼく」ことニックの成長物語であり、ニックによって語られるギャッツビーの悲劇である。ギャッツビーが愛する富裕層出身のデイジーは、「カネに満ちた声を持っている」。デイジーは社会的階層が高いはずだが、ちゃらんぽらんな感じで、他人や自然環境には関心がなく、自分を愛してくれたギャッツビーを簡単に裏切る。貧困層出身のギャッツビーはそんなデイジーに執着しており、同じ富裕層出身のトムと結婚してしまったデイジーを取り戻すために、違法ビジネスで築いた財でデイジーの家の近くの豪邸に引っ越し、絢爛豪華なパーティの開催を重ね、デイジーとの再会を果たす。だが結局はデイジーに振りまわされて、命も落としてしまうのである。

ギャッツビーのような人生を送りたいと思う人は、そう多くはないだろう。なぜならそのような人生は、外から見れば、不幸だからだ。ギャッツビーだって不幸になりたかったわけではない。彼は幸せになるために、カネ＝デイジーを追い求めた。彼の生活は、豊かさをカネと同一視する価値観のなかで、無限のカネを得るための道具になってしまったとも言える。そしてそれは、バブル時代の日本人にもついても言えたのではないか。暉峻淑子は一九八九年の『豊かさとは何か』で、以下のように述べている。

人生にとってカネは手段であり目的ではない。家族や愛する者との健康で楽しい生活。趣味、生きがいのある仕事。人生の充実感、無目的な友情、自然とともにある安らぎ。それらが充たされれば、限りなく財テクやマネーゲームに目を血走らせる必要はないはずなのだ。資本の求める目的と、生活の求める目的は違っていて当りまえである。それなのに、企業の投資熱に感染したかのように、株の売り買いや、リゾート地やワンルーム・マンションへの投資、あげくのはては教育も投資、つきあいも投資、お中元やお歳暮や冠婚葬祭も投資、と計算するのが社会の風潮になってしまっているのはなぜか。子どもたちまで、損することには手を出さず、弱者をかばうこともしない。（暉峻淑子『豊かさとは何か』岩波新書：八頁）

バブル時代は、団塊ジュニアが大学受験に突入しはじめた時代でもあった。暉峻は『豊かさとは何か』の中で、自身が『世界』一九八六年十二月号に掲載した「本当の豊かさとは」という小論に対して出された当時の高校生の感想を、以下のものを含めいくつか紹介している。

現在私たちが受けている教育は、放課後は好きなこともできず、出された宿題をし、教師との間にほとんど交流もなく、授業では教科書に書いてあることをそのまま説明されるようなのが多いし、なくてもいいような校則もあるし、干渉されすぎて個性を殺されてしまい、自分の主張が持てなく、受験戦争で友達との友情をかんじる経験もなく、本も読めず、自分の欲求は何なのかもわからず、無味乾燥な時をすごしてしまったような気がする。（同前：七四頁）

当時の高校生が抱いていた思いは、現在の高校生にも理解できるものだろう。今ではそこに、たとえば「冷笑主義をクールな態度とすることが推奨され」というのも、加わるかもしれない。豊かさはカネの多さであり、それを可能にするのが学歴の高さや稼げる力であり、それを可能にするのもカネの多さという社会では、幸せをカネから切り離して考えることは難しい。実際カネのない人は居場所を奪われ、見下され、人間性まで否定されることがあるからだ。これは、マイケル・サンデルが警鐘を鳴らすメリトクラシーの弊害でもある。

幸せにとってカネは必要だが、カネだけでは幸せはおそらく得られない。ならば、この三〇年のあいだ置き去りにされてきたのは、「豊かさとは何か」をめぐる哲学だったのではないか。経済格差は広がり、社会には貧困だけではなく、いじめ、ハラスメント、自殺、無責任、無関心が蔓延したままである。このような社会は豊かとは言えない。

では、豊かさとは何か。暉峻は、画一的な答えはないとしたうえで、様々な思想に通底するものの一つに「共通の生活基盤を充実させる」ことを挙げている。具体的には、「社会保障、社会資本（自然環境を含む）を充実させることであり、それとともに、公共の福祉を守る法、制度を確実なものにすること」としている（同前：二二九頁）。これは現在にも当てはまるだろう。

本書では『生活保障と税制度の哲学』と題して、そのような生活基盤を充実させる方法について、四人の優れた研究者に論じていただいた。それらは左右の分断、理想と現実の分断、世代の分断、国境による分断を越えようとするものであり、国内外の政治に対する信頼が急速に失われつつある中にあってなお、三〇年後、五〇年後の社会の安定と安寧を期待させてくれるものである。読者の皆様にはぜひ、人びとの幸せを世代を越えて可能にする豊かな社会とは何かを考えながら、本書に取り組んでいただきたい。

二〇二四年一二月

責任編者　神島裕子

目次

第1章　アナーキズムと社会保障
——相互扶助の（複数の）可能性

本章の目的はアナーキズムの観点から社会保障を検討することにある。社会保障を考えるに当たって、アナーキズムの観点からいかなる貢献が可能だろうか。アナーキズムは一般に「無政府主義」と訳されることが多い。アナーキズムには複数の潮流や側面が存在するが、一般的にいってアナーキズムを他の思想からもっとも際立たせるものと考えられてきたのはたしかに国家の否定だろう。他方で、現代の社会保障の主体を担っているのはまさにその国家である。社会保障は医療、年金、介護、保育といった多様な分野に及び、なおかつ膨大な予算を扱い、その影響も多大である以上、その責任を国家が担うのは自然にも思われる。その国家そのものを否定しようとする点で、一見すればアナーキズムは社会保障とはいかにも相性が悪い。

ただし、社会保障が果たしている機能そのものはアナーキズムの観点からいっても無視しうるものではないだろう。例えば厚生労働省が二〇一二年に発表した白書では、社会保障を支える理念ないしそれが果たすべき機能として、社会連帯によって個人が抱えるリスクに集合的に対処し、それを通じて個の自立を実現すること、所得の再分配によって公正を実現すること、社会の安定化により経済成長の基盤を形成すること（あるいは雇用創出による経済成長へのより直接的な寄与）が挙げられている（厚生労働省 二〇二二）。そしてここで述べられているような、個の自立の実現や社会的公正という理念それ自体はアナーキズムにとっても否定されるものではない。たしかにアナーキズムは国家を批判するが、それは単なる無秩序の肯定や破壊のための破壊とは異なる。むしろアナーキズムによる批判は「権威、不平等、経済的搾取の廃止によって社会を道徳化すること」（ウドコック 一九六八：二八頁）のためにこそある。アナーキズムにとっては国家の否定そのものが目的ではなく、あくまで眼目は権威や支配の批判であり、それを通じた自由や平等のあくなき追求にこそある。

こうしてアナーキズムの観点からは、国家を介さずしてどのように社会保障（ないしはそれに取って代わりうるもの）が可能かという問いが開かれることになる。そしてこの立場は、同じく公正や平等といった価値を重視しつつも、公共財の分配を国家に委ねる点で社会民主主義や共産主義とも異なる、より困難な立場といえよう。

本章では、まずこの問いのもつ意味をいくつかの文脈から明らかにしたのち、アナーキズムの視点から現代の福祉国家にいかなる批判がなしうるかを検討する。そのうえで、アナーキズムが対置するオルタナティブとして中心的なものである「相互扶助」の理念に着目し、その射程や意義を考えよう。主たる検討対象とするのはアナーキズムの代表的思想家であるピョートル・クロポトキンと、ピエール＝ジョゼフ・プルードンである。

1　福祉国家から相互扶助へ

以上で見てきたように、アナーキズムの立場からは国家なき社会保障の可能性という問いが導かれる。ただしこれだけであれば、アナーキストであるわけではない者にとってこの問いがいかなる意味をもつのかは分からないだろう。この問いのもつ意義をより開いていくために、いくつかの文脈を設定しよう。

第一にこの問いは、二〇世紀末以降の現代を生きるわれわれ、とくに欧米諸国と日本を含むいくつかの国のように、二〇世紀に充実した福祉国家を持ちえた社会が抱える困難と共通する面がある。第二次大戦後に本格的に発展した福祉国家は、経済成長・コンセンサス政治・就労世代と退職世代との人口バランスといった条件のもとに成立し得たものだった（齋藤ほか 二〇一一：iii－v頁）。一九七〇年代以降、これらの条件が崩れるにつれ福祉国家も変容を迫られる。「新自由主義」・「小さな政府」・「民営化」の語で語られるように、一九八〇年代以降の大きな趨勢は社会保障を含む様々な領域からの国家の撤退である。社会保障に限らず、公共財（例えば交通や教育）の提供は民間の手にゆだねられるか、あるいは端的に提供されなくなる。その状況に甘んじないならば、かつての福祉国家とは異なる社会保障のあり方について構想することは避けられない。

第二に、グローバルに考えれば福祉国家に限らず国家による統治そのものの普遍性を疑うことができる。例えばドイツの社会科学者たちによる最近の研究は、むしろ「国家が限定された領域（areas of limited statehood)」の遍在を示している。それによれば、「グローバルかつ歴史的な視点からみれば、領域に対する十全たる支配と法を実行する十分な能力を持つ近代の（「西洋の」）国民国家は、常態というより異例である。世界はデンマークではないし、今後そうなることも決してないだろう」。しかも重要なことは、「国家によるヒエラルキー的ガバナンスの不在」としての「アナーキー」は、単なる無秩序としての「混沌」を意味するものではないということだ。言い換えれば、「一定の条件下では効果的かつ正統なアナーキー状態でのガバナンスが可能である」（Börzel & Risse 2021, pp. 2-5）。このような主張は、彼らが特段アナーキストというわけではないがゆえにかえって興味深い。

そして第三に、国家を介さずに社会福祉をいかに実現するかという問いは、歴史的にもアナーキズムの独占的な問いではない。市場経済化が進み、貧困が本格的に社会問題となる一九世紀ヨーロッパにおいて、社会福祉を実現する主体が国家であるという感覚は明らかに希薄であった。

近代的な社会保障は一般に、労働による所得を有する人々の間の再分配およびリスクの共有としての社会保険と、貧窮者等への直接の給付による公的扶助に分類される。前者の社会保険の起源はビスマルク治下のプロイセンによる一八八〇年代以降の一連の立法に求められる。「疾病・災害・廃疾・老齢による生活リスクから被用者を保護するための一八八〇年代の諸法律」は、「世界で最初の近代的な社会保障制度」であった（リッター 一九九三：七〇頁）。逆に言えば、それまで類似の公的制度は存在しないかきわめて脆弱だったということになる。後述するようにむしろ一九世紀において、保険によるリスクへの集合的対処は民間においてこそ大いに発展したものだった。

社会保障のもう一つの分野である公的扶助については、とくに英国では早くから救貧法に基づく公的な弱者救済の制度が存在していた。だが同じく知られていることとして、英国の公的扶助はそれのみで存続しえたわけではなく、あくまで友愛協会による互助的支援や篤志協会のような私的慈善と「両輪」となって「福祉の複合体」を形成していた（金澤 二〇二一：六六頁）。英国のアナーキズムの思想家C・ウォードは、「近代国家の主な機能は社会福祉の提供」なのだから国家に対するアナーキストの反感は「時代遅れ」だという見解を紹介した後、アナーキストからの返答として次のように述べる。

彼ら〔アナーキスト〕は、英国における社会福祉は政府から生まれたものではなく、戦後の国民保険法からも、一九四八年の国民保健サービスの開始からも生まれたものではないと強調する。それは、一九世紀に労働者階級の自助努力によって生まれた友愛協会や相互扶助組織の広大なネットワークから発展したものである。（Ward 1973, p. 27）

つまるところ少なくとも一九世紀末まで、国家を介さない社会保障こそが常態だった。「アソシエーション」や「協同組合」を中心とするオルタナティブな経済の実践は社会国家とある意味では対抗関係にあり、二〇世紀への転換期を境に不平等との闘いの主役は国家となる（Ferraton 2007, p. 17）。アナーキズムは一九世紀の産物だが、それを生んだ様々な条件は他の思想や実践とも共有されていたし、国家の外での社会保障の実現という点ではアナーキズムだけが他と隔絶した主張を掲げていたわけではない。以上のように考えるとき、社会保障という問題をアナーキズムの視点から考察することには一定の意義と必然性があると言えるだろう。
このような文脈を確認したうえでアナーキズムの視点から社会保障を論じることが本章の主題である。なおここで議論を整理するために、アナーキズムの視点というときの二つの側面を分けておこう。すなわち、権威や権力による支配に対する徹底した批判と、それに取って代わるべき社会の構想である。すでにクロポトキンが言うように、「アナーキスト的思潮の起原」には、「一方は、階級的組織と権力観一般に関する批判」があり、「他方は、過去の、またとくに現在における人類の前進的運動のうちに見いだされる傾向の分析」がある（クロポトキン 一九八〇：四九〇頁）。このような二側面に対応して、本章でもまず国家を主体とする社会保障に対してアナーキズムからなしうる批判を概観したのち、アナーキズムがそれに対置する選択肢の考察に移ることとする。
アナーキズムによるオルタナティブ――「支配を望まないなら何を望むのか？」（Prichard 2022, p. 7）――の内実は立場によって多様であるし、またそれは国家が担ってきたどの機能に取って代わろうとするのかによっても答えは様々である。ただし、あらゆる集合性を否定する極端に個人主義的な潮流を除くなら、アナーキズムに広く通底する一つの傾向は、強い権威を生まないような水平的関係に基づく小集団を舞台とする自主管理である。本章の主題である社会保障の領域についても同様であり、それはしばしば「相互扶助」という用語で論じられてきた。あらためてウォードから引用すれば、
英国の公的制度の〔一九世紀〕ヴィクトリア朝時代における前身と、同時期の労働者階級による相

互扶助の機関とを比べれば、名前そのものが内実を物語っている。一方にはワークハウス、救貧院、「教会の原理に従った全国救貧教育協会」があり、他方には友愛協会、病者組合、協同組合、労働組合がある。後者は下から湧き上がる友愛的で自律的なアソシエーションの伝統を表し、前者は上から指示される権威的な制度の伝統を表している。（Ward 1973, p. 123）

本章の主たる対象はこのような相互扶助の理念である。国家を介さない社会保障という「私達が踏み出すことのなかった福祉への道」（Ward 1996, pp. 9–18）をめぐる以下の考察は、アナーキズムと社会保障の関係を検討すると同時に、アナーキズムの中心的な理念の一つである相互扶助の可能性を問い直すものともなるだろう。

アナーキズムによる福祉国家批判

まず、アナーキズムからすれば国家を主体とする社会保障についてどのような見解を取りうるかを、現代のいくつかの論考に拠りながら確認しよう。

アナーキズムによる批判の基調は、福祉国家が不平等に対する処方箋として無力であり、ときには有害ですらあるというものだ。教育や医療といった公共財の分配を国家が独占することは、「非効率で圧迫的な官僚制度や税制を、そして濫用や腐敗を招きやすい中央集権、命令、統制のシステムを招く」。さらに深刻な問題として、その種の制度は「不平等や抗議に直面した際、それが奉仕するように設計された人々の権利を奪う」（Prichard 2022, p. 59）。仮に自由や平等に資するために設計されていたとしても、その制度はむしろそれらを損なう結果になるというわけである。

この点について、「アナーキストとしての視点」から記されたある論考はいくつかの研究に拠りながら次のように指摘する。イギリス、大陸ヨーロッパやスカンディナヴィア諸国、オーストラリア、ニュージーランドにおいて、「国家主導の福祉のほとんどの分野で、裕福な者がそうでない者よりも恩恵を得ている」。例えば医療においては、「社会経済的に上位のグループ（専門職）が、下位のグループ（肉体労働者）よりも、病人一人当たり最大一〇パーセント多く国民保健サービスからの支出を受けていると示唆されている」。あるいは住宅においては、たしかに公的な住宅供給による貧窮者支援はあるものの、税制によって制度全体が持ち家所有者、とくにもっとも裕福な持ち家所有者に有利となっている（Millett 1997, pp. 8-9）。本章の関心はアナーキズムの視点からどのように社会保障が捉えられるかにあり、これらの批判がそれ自体としてどこまで正当であるかについては論じられない。だがここで指摘されたような状況が現代でも様々な領域に存在することは、アナーキストならずとも想像しうるだろう。実際に日本の社会保障システムについてもその「逆機能」がつとに指摘されている（大沢 二〇〇七：七一頁）。

ではなぜこのような逆機能や逆進性が起きるのだろうか。それは福祉国家を維持しつつ改善することのできる偶発的な問題であるのか、あるいは福祉国家に根深く内在するものなのか。アナーキズム的観点からすれば、その根本要因は「福祉を提供する側とそれを必要とする側の分離」（Millett 1997, p. 7）に求められる。政策決定者や官僚などの福祉の提供者にとって、費用負担者である納税者の利益の実現は強い動因にならない。庶民が多様かつ広大な社会の諸局面を見通すことはできないし、そもそも「政策の失敗は納税者に転化されるだけだから、彼らに費用を最小化しようという誘因は乏しい」(鳥澤 二〇〇〇：一六〇頁)。

以上のような問題に対するアナーキストの返答は「参加」である。すなわちアナーキストは、利用者(受益者)が福祉の組織や運営に参加すること、それによって福祉に対する国家のコントロールを奪還することを主張する。それを通じて求められるのは、「福祉の提供を地域社会の市民の日常生活に再吸収すること」、福祉を「機能」ではなく「地域社会や市民の日常生活の一部」とすることだ(Millett 1997, pp. 10–12)。クロポトキンの系譜に連なる「社会アナーキスト」として社会福祉を検討するイズラーは、米国における現在の緊縮財政と民営化の趨勢が、それに対する抗議でもあり相互扶助でもある反権威主義的な関係性を生みだしつつあることを指摘する。参加を通じて「人々や地域社会、コミュニティ、組織」は「介入」を必要とする「クライエント」ではなく、「共同経営者」となる。参加にはそれ自体に意義があり、プロセスと結果は区分してはならない(Izlar 2019, p. 354, 359)。同じくアナーキズムの立場から社会福祉を検討するミレットがこのような参加の実践例として挙げるのは、「多くのセルフビルド住宅計画、信用組合、コミュニティ・ビジネス、近隣協議会、借家人行動グループ、自助グループ、自助センター、一般診療所や病院レベルでの医療における参加型実践、リバタリアン教育の実験、女性の避難所や女性専用保健センター」といった試みである(Millett 1997, p. 11)。

参加によって期待されるのは、福祉の提供者と受益者の乖離を克服し、実際のニーズにより近い財の分配が行われ、また分権化を通じて多様なニーズに効率的に対応することだ。そして何より注目すべき点として、参加は社会保障の目的そのものの捉え直しにつながる。それは単に生活の安定や経済的平等のための制度ではなく、ケアの能力を涵養することであり、個人とコミュニティの自律とエンパワーメントであり、それに向けた学習の過程である（Millett 1997, p. 12; Izlar 2019, pp. 351-352）。参加は社会保障をよりよく達成するための手段である以上に、社会保障そのものを構成する本質的な構成要素となる。現在の制度において社会保障の支援を受ける人々が、社会的協働への対等な参加者ではなく保護の対象として扱われがちであることに鑑みれば（齋藤 二〇一一：九頁）、この点はとりわけ重要である。参加を通じて受益者が一方的な被保護者という地位から脱することは、受益者の尊厳の保証という面からも評価される必要がある。

以上のように、国家による社会保障に代えてアナーキストが社会保障を語る際にしばしば提示されるキータームは、参加、分権、自治（自律）、連帯、直接民主主義、小規模集団、草の根、ボトムアップ、エンパワーメント、ケアなどである。そしてこれらの意味合いすべてを包含する、アナーキズムの文脈でもっとも中心的と言いうる理念が「相互扶助（mutual aid）」だろう。

相互扶助を初めて明確に定式化したアナーキズムの思想家はピョートル・クロポトキン（一八四二－一九二一）であるが、彼において国家を始めとする公的制度と相互扶助との相対立する関係は次のように表される。

すべての制度が、――もともと平等、平和、相互扶助を維持するために作り出された最善の制度さえも、老化するに従って固定化し、化石化するという事態が起こったのだ。これらの制度は、その元来の目的を忘失し、少数野心家の支配の下におちいってしまい、しだいに社会のより以上の発達にとって障害と化してしまった。（クロポトキン　一九八〇：四四三頁）

何らかの実践や慣習が制度として固定されると、それは少数者の利益に奉仕するようになる。いかなる制度もこのような「化石化」を免れない。よって取るべき方策は制度化と固定化を積極的に避けることとなるだろう。社会保障を含め、あらゆる実践は自分を絶えず作り替える運動、自発的に再創造され続ける運動にとどまり続けなければならない。制度化はそのエネルギーを枯渇させかねないし、その制度が巨大であればなおさら化石の重みは増すこととなる。だからこそ実践は自覚的に小規模で水平的であることが必要となる。

相互扶助会

このような相互扶助の実践について、重要な歴史的実例を一つだけ挙げておこう。それは次節以降で相互扶助の理念と思想を検討する上でも参考となる複数の論点を提起している。

ウォードが着目したイギリスの友愛協会については右で触れたが、日本での研究がより進んでいる興味深い例として、一九世紀のフランスで発展した経済・社会の分野での協同を可能にする自発的アソシエーションがある。その多くはアナーキズムを直接に標榜したわけではないが、しばしばアナーキズムの思想にとって重要な示唆の源となってきた。

それらのアソシエーションの中でも社会保障の領域で重要なものとして、一九世紀初頭から都市労働者層を中心に広がった相互扶助会（société de secours mutuels）がある。これは会員からの入会費と週ないし月単位で拠出される積立金を基金とし、病気、事故、障害、老齢、失業などに際して会員への分配を行う協会である。また多くの場合、医療ケアの提供も行われた[*1]。

相互扶助会は一九世紀前半に大きな成長を見せ、世紀初頭にはパリで団体数二八、会員数二五二〇だったものが、一八四八年には団体数二八〇、会員数は二万を超えるにいたった。会員の多くは熟練工であり、未熟練労働者や女性の所属はきわめて少ない。団体数と会員数の比に見られるように会の規模は総じて小さく、それは規模の拡大による経済的メリットよりも、社交としての機能が優先されたことを意味するだろう。言い換えれば会員の日常的な相互行為と、会としての相互扶助機能とはときに分かちがたいものであった。そもそも会としての形式を具えるかどうかにかかわらず、伝統的な職人文化においてある種の相互扶助の慣習は不可欠のものだった。例えば金属鋳物職人による病者や高齢者のための基金や、印刷所に置かれた「シャペル」と呼ばれる慈善基金などが知られている。その種の伝統的な慣行と相互扶助会は通時的にも共時的にも連続している。

一九世紀前半に南フランスの小村ブリニョールに存在した「サン゠フレデリック会」の規約前文によれば、同会の目的は「会のメンバーが一時的に病気となったとき、または熟年に達して生活を維持する手段を持たなくなったとき、そのメンバーを救済するものとする」。つまり基本的な機能は年会費を原資とする基金によって、病者や老齢者への支給を行うというものだ。とくに注目されることとして、金銭の支給のみならず、死に瀕した者への交替での看護が義務づけられ、会員の葬儀には会として葬儀に参列し、また葬儀の費用も会が負担するという。喜安は死の床にある者への看護、またその埋葬と葬儀の重視といったいわば「死者との共同性」において、この会が宗教的な相互扶助（信心会）の伝統に連なるものとしている（喜安 一九九四：一七〇‐一七一頁）。実際にサン（聖）‐フレデリック会もそうであるように、相互扶助会はしばしばキリスト教の聖人の名を冠しており、その点からも宗教的伝統とのつながりは明瞭である。このように相互扶助会は純粋な社会保障の機能のみならず、日常的な社交や精神的な絆という複数の次元にわたるものとして形成された。

われわれの関心から言えば、相互扶助会の例は少なくとも次の二点において興味深い。第一に、相互扶助会は公的制度の欠落を単に補うためのものではない。会員同士の互恵こそが私的な慈善や公的扶助とは違い、社会的屈辱を免れる最低限の経済的自立を保障するのであり、その意味で互恵は人間の尊厳を保証する手段である。ある会の規約によれば、

各構成員は、自分の貯蓄の成果を共通の基金に拠出する。もし不幸になったとしても彼は援助〔を受けること〕を恥じる必要はない。それは彼自身が生み出したものだし、兄弟が彼から〔援助を〕受け取ったことも一度や二度ではない。……この結社は大きな家族であり、そこで各構成員は全員の幸福のために貢献し、苦しむ者がいれば家族の全体が慰め、支援するだろう。（Sibalis 1989, p. 25）

＊1 以下、相互扶助会に関する記述は Sibalis 1989、喜安 一九九四：一六四‐一九七頁、重田 二〇一〇：一七五‐二一二頁に拠っている。

もし会から援助を受けることがあっても、それ自体が「自分の貯蓄の成果」でもあり、なおかつ他の者もその成果から援助を受け取っている。だからこそ援助を受けることを「恥じる必要はない」。

もう一つの点は、相互扶助会のもつ道徳化ないし規律化の機能である。右の引用の「大きな家族」という表現に見られる連帯の感情は、この時代の社会主義や労働運動にも通底するものである。ただしシバリスも強調するように、相互扶助会と労働運動の関係は単純ではない（Sibalis 1989, p. 26）。相互扶助会は必ずしも労働者コミュニティの対抗的で自立的性格を意味するものではない。フランス語で「将来への配慮」「計画」「予測」などを示す語 prévoyance は、保険や共済の意味でも用いられる（例えば「共済組合（société de prévoyance）」）。そのことからも知られるように、一九世紀において共済は単なる経済的な保障である以上に、将来を顧みない「無計画（imprévoyance）」に代えて、社会的に「正しい」――言い換えれば管理しやすい――振る舞いを教育する機能をも有していた。

つまり、共済という関係に入ることは労働者個人の人生に利得をもたらしうるが、他方でそれは往々にして規律化に服すことでもある。相互扶助会がしばしば雇用主からも奨励されるのはそのためだ。例えばナポレオン時代のフランスを代表する綿花製造業者のリシャール＝ルノワールは、パリの工場で働く労働者の互助会を利用し、遅刻や怠業のたびに五サンチームの罰金を基金に支払わせたという（Sibalis 1989, p. 11）。また雇用主のみならず、相互扶助会のもつ道徳化・規律化の機能は一部の学者や政治家にとっても好都合のものであり、それは労働者の道徳的・物質的状況を、国家の介入によらずに改善する手段として捉えられた。それは企業内福祉の充実と並んで、一九世紀前半から中葉において「民衆階級の境遇改善と経済の自由主義的構造とを両立させるという希望の中心」であった（カステル 二〇二一：二七三頁）。以上のことは、相互扶助が有する社会的機能が必ずしも一義的ではないことを物語っているだろう。

2　クロポトキンと相互扶助

ここまでの準備作業で確認したのは、第一にはアナーキズムにおける参加と相互扶助の重要性である。ただし同時に確認したのは、フランスの相互扶助会の例にみられるように、相互扶助の実践は必ずしも自主性や対抗性によってのみ特徴づけられるわけではないということだ。このような相互扶助の微妙な性格は、本章の主題であるアナーキズムの思想においてより明瞭なかたちで示すことができるだろう。

前述の通り、アナーキズムの文脈から相互扶助の論理を明快に定式化した最初の存在は、一九世紀後半から二〇世紀にかけて活動したロシアの思想家クロポトキンである。彼はまた、現代のアナーキズム的人類学が論じるように、そのような相互扶助、国家なくして行われる相互扶助が例外的事態ではなく、むしろ基盤的な現実であることを示そうとした最初の一人でもある。彼の相互扶助論の概要と、そこに含まれるいくつかの論点を確認しよう。

クロポトキンが相互扶助を論じるに至った直接の契機は、イギリスの動物学者T・H・ハクスリーの論考「人間社会における生存闘争」（一八八八年）に対して反論することである（小田 二〇二一）。より広い文脈としてはダーウィンの進化論を社会に適用した弱肉強食的な社会観、すなわち「社会ダーウィニズム」の隆盛がある。[*2]『相互扶助論』の意図はそれに対して進化の別の「法則」を提示することにある。

同書「序論」で明記されるように、「大半のダーウィニスト」が「進化の主因」と見なしている「生存手段をめぐる悲痛な闘争」は、彼自身の調査によれば同一種の動物の間に見出されることはなかった（クロポトキン 二〇二四：四七頁／以下同書からの引用はMAと略記する）。彼が確認したのはむしろ正反対の事実である。

要するに、眼前で起こったこれらの動物の生命の情景すべてのなかに、〈相互扶助〉と〈相互支援〉とが繰り広げられているのを目にしたのであり、それは、生命の維持、各々の種の保存、そのさらなる進化にとって最大級の重要性を持つものがそこにあるのではないかと思わせるほどであった。

（MA, p. 49）

このように『相互扶助論』の第一の目的は、生物の歴史において生存手段をめぐる闘争（とりわけ同一の種の内部での闘争）よりも相互扶助や協力こそが主たる事実であると示す点にある。相互扶助は種の維持と発達のためにも、また各個体の幸福のためにも、相互の闘争よりはるかに重要である可能性が高い（MA, p. 67）。したがって生存にもっとも適した者（最適者）とは、敵や自然に打ち勝つ力を持つ者である以上に、「社交性」をもっともよく発揮する者である（MA, p. 117）。かかる社交性ないし「アソシエーション」は蟻や蜜蜂にも確認できるし、鳥類、そして哺乳類へと「高等」な脊椎動物になるにつれてさらに発展を遂げる。その過程でそれは「本能的」なものから「意識的」なものへと徐々に変容していく（MA, pp. 111–112）。だとすればもっとも高等であるはずの人間においてもまた、このような性質は通底しているだろう。実際にもそれは「野蛮人」や「未開人」のみならず、有史時代においても村落共同体からギルド（同業組合）や自治都市へと受け継がれる。例えば彼は、「古代デンマークの初期のギルド」の規則を紹介している。

成員の家が火事になったり、船を失ったり、巡礼の最中にけがや病気になったら、すべての成員が助けに向かわなければならない。生死の境をさまようほどの病に倒れたら、危篤状態を脱するまで二人が看病せねばならず、もし亡くなったら、埋葬する義務があり――疫病が蔓延した時代、埋葬は一大事だった――、教会と墓地まで付き添わなければならない。死後は、必要とあらば、遺児に支援を差し伸べなければならない。往々にして寡婦はギルドの女性会員となる。（MA, p. 222）

彼にとってこのようなギルドと村落共同体にはのちの国家が組織化する機能がすべて備わっており、むしろ国家はそれに寄生するにすぎない。共同体こそが社会の実質、基盤、骨格を成すのである。

＊2　ただしクロポトキンは、社会ダーウィニズムをダーウィン自身の見解とは慎重に区別している。

相互扶助とはいかなる実践か

以上のように概括されるクロポトキンの相互扶助論について、いくつかの点から理論的に検討してみよう。

まず、相互扶助のより具体的な内容である。クロポトキンは相互扶助をアソシエーション、社交性、「人間的で友愛的」(MA, p. 225) 等の語で特徴づけているが、彼が挙げる具体的実践の例はきわめて多様である。現代 (一九世紀以降) については農村の実践、ならびに都市における種々の組合や協会が取り上げられ、例えば南フランスの火災保険基金ともいうべき実践が挙げられている。そこでは「火災保険に入っている農民は」ほとんどおらず、火事があれば住民たちが「鍋、寝具、椅子、などなど」を贈り、さらには「近所が総出で家を建てるのを手伝い、そのあいだ、被害にあった家族は近所が無償で泊め」るという (MA, p. 254)。

他にもクロポトキンが現代の相互扶助として挙げるものには、土地や生産手段の共有、消費の協同、家事やケアの協同、労働争議、あるいは単なる親睦など、多種多様なものが含まれている。それに対応して、相互扶助に向かう人間の動機についてもかなり様々なものが混在している。例えば現代の英国の例として挙げられる「救命艇協会」を取り上げよう。これは英国諸島の海岸に三百艘あまりの救命艇を有し、水難に遭った見ず知らずの他人を救う「志願者」の会である。このような危険な活動を支える根底にあるものとして彼が論じるのは次のような心理だ。

戦場で狂気にあてられていなければ、助けを求める声を聞いて、それに応えないでいることに人は

「耐えられない」のだ。偉人《ヒーロー》は行動に出る。偉人がなすことを、誰もがみずからもなすべきだと感じる。脳がこしらえた詭弁は、相互扶助の感性に抗えない。(MA, p. 313)

これは利害や打算を超える根源的な利他の感情である。しかし、このような英雄的な自己犠牲の感情は、右の火災保険基金を支えるものとは大いに異なるだろう。リスクの相互化・共有は自分にとっても利益となるのだから、現在の保険が多くの場合そうであるように、保険は利他や自己犠牲の感情をことさらに要求しない。しかし『相互扶助論』中ではこのような相互扶助の機能や性質の分類にはさほど関心は払われていないように思われる。

クロポトキンの関心は国家なきところで人間がもっぱら闘争状態に陥るのではなく、むしろ相互扶助こそが進化ないし進歩の主要因だと示す点にあるのであって、それが具体化する際の諸形態や諸機能を弁別・分類することではなかったというべきだろう。

相互扶助と境界

次に問題となるのは、相互扶助の境界・範囲である。クロポトキン自身も繰り返し述べるように、動物において同一種ないし同一のコロニーの中で見られる相互扶助は、相異なる種やコロニーの間での闘争と多くの場合併存している。人間においてもそれは多くの場合、都市や職能団体などの共同体という境界の内部で行われるものだ。それらはいわば「兄弟」や「同胞」としての間柄において行われるのであり、裏を返せば兄弟や同胞と見なされない者——共同体の範囲と境界の外にある者——は扶助の対象になりえない。その意味で相互扶助は、ときに外部への排除とも表裏一体である。

クロポトキンもこの問題をまったく無視しているというわけではない。実際にも『相互扶助論』の大きなストーリーは、家族から村落共同体へ、さらには職能団体や都市へ（さらには国際的な範囲さえも）と相互扶助の範囲が歴史的に拡大していくというものだ（小田 二〇二一）。しかしクロポトキンの論述を読む限り、相互扶助がその本質として必然的に境界や分断を乗り越えて拡張していく性質をもつと論じられているわけではない。むしろ相互扶助の範囲の拡大は、社会的コミュニケーションの進展に伴う共同体そのものの拡張を反映しているにすぎないと言うべきではないだろうか。だとすれば、範囲と境界に依存するという相互扶助の性質そのものはつねに維持され続けているということになる。

この点に関連して、現代のアナーキズムの代表的論者であり、またクロポトキンと同じように人類学や歴史学の知見をもとにアナーキズムを論じるデヴィッド・グレーバーの議論を取り上げよう。彼の論じる「基盤的コミュニズム」（グレーバー 二〇一六：一四二―一五四頁）は、クロポトキン的な相互扶助に新たな光を当てたものとして捉えることができる。グレーバーはコミュニズムを財や生産手段の共有とは明確に切り離したうえで、それを「たがいを敵どうしとみなさないあいだがらで、必要性が十分に認められ、またはコストが妥当と考えられるなら、「各人はその能力に応じて、各人にはその必要に応じて」の原理が適用されてしかるべきである、という了解」として捉え直す。それは「わたしたちの根本的相互依存の承認」である。

グレーバーにとって、この原理ひとりによって丸ごと組織されるような完全にコミュニズム的な集団はあり得ない一方、この原理はあらゆる場面で働いてもいる。「あらゆる社会システムは、資本主義のような経済システムさえ、現に存在するコミュニズムの基盤のうえに築かれているのだ」。つまり「コミュニズムこそが、あらゆる人間の社交性［社会的交通可能性］（sociability）の基盤なのだ」。彼が挙げる印象的な例によれば、

なんらかの共通のプロジェクトのもとに協働しているとき、ほとんどだれもがこの原理にしたがっている。水道を修理しているだれかが「スパナを取ってくれないか」と依頼するとき、その同僚が「そのかわりなにをくれる?」などと応答することはない。たとえその職場がエクソン・モービルやバーガー・キング、ゴールドマン・サックスであったとしても、である。その理由はたんに効率にある（これを「コミュニズムは端的にうまくいかない」という旧来の思考に照らして考えると実に皮肉である）。真剣になにごとかを達成することを考えているなら、最も効率的な方法はあきらかに、能力にしたがって任務を分配し、それを遂行するため必要なものを与え合うことである。

（グレーバー 二〇一六：一四三-一四四頁）

このように、確固たる体制としてではなく多様なかたちで現れ得る契機としてコミュニズムを捉えることで開かれる新たな可能性、「日常的コミュニズムの社会学」はたしかに魅力的である。ただしその意義を認めた上で、ここでもまた次の疑問が提起しうる。つまり、かかるコミュニズムは目的や利害やメンバーシップが前もって一致している者の間でこそ発揮されるのであって、「共通のプロ

ジェクト」に携わる「同僚」以外の者に対しては十分に発揮されないのではないか。右の例に即して言えば、このコミュニズムが発現するのはあくまでその方が「効率的」だからなのである。

とはいえこのような疑問はグレーバー自身も織り込み済みではあるだろう。彼は基盤的コミュニズムを無批判に称賛しているわけではなく、ここでは単にその遍在を示しているに過ぎない。それは端的にどこにでも、また多様なかたちで存在しうるし現れうるものであり、そうであればこそ巨大資本の内部で発揮されることもある。だとすれば次に考えるべきなのは、基盤的コミュニズムないし相互扶助の遍在性そのものというよりも、それが発揮される仕方や条件となるだろう。

何が自由を抑圧するのか

最後の論点として、クロポトキンの思想に対する批判ないしその限界への指摘として早くからなされてきたものがある。すなわち、彼の議論は「政府や規則の暴圧を認めるが、風習や習慣の暴圧をみとめていない」のではないか。クロポトキンは化石化する国家を批判し、その外部でなされる相互扶助を普遍的かつ基盤的なものとして取り上げるが、はたして自由を抑圧するのは国家だけなのだろうか。むしろ「国家なき社会は、その成員の個人生活に関する限り、自由な社会とは非常に違ったものかもしれない」(ウドコック 一九六八:三〇一頁)。

例えばクロポトキンは「自由、自律的行政、平和を保証すること、それが中世都市の主要な目的だった」(MA, p. 231)という。だが都市が国家や他の都市に対して自由だったとしても、それは都市内の個人の自由とは明らかに別問題である。彼が例に挙げる村落共同体にせよギルドにせよ、そこに生きる個人が近代国家の下で生きる者以上の自由を享受していたかは大いに疑わしい。しかも問題を厄介にしているのは、フランスの相互扶助会の例でも見たように、その種の集団の相互扶助の実践は、まさに自由を制限しかねない習俗や風習そのものと密接に結びついていることだ。

さて、以上の論点は、アナーキズムと相互扶助の関係が一見するよりはるかに複雑であることを示している。アナーキズムの核として相互扶助を取り上げることは問題の出発点に過ぎず、むしろあらゆる支配や権威を否定するアナーキズムに照らすならばいかなる相互扶助が考えられるべきなのか、またそれはどのように可能となるのか、を考える必要がある。

3 プルードン——相互扶助から相互性へ

クロポトキンの相互扶助論の現代まで続く射程と、それがもついくつかの理論的問題を確認したうえで、以下では本章の最後の検討対象として一九世紀フランスの思想家ピエール＝ジョゼフ・プルードン（一八〇九–一八六五）の思想を取り上げよう。彼は「アナーキー」の語を歴史上初めて肯定的に用い、また初めて「アナーキスト」を自称として用いた思想家とされ、現代でも彼の思想はアナーキズムが語られる際の必須の参照項の一つである。彼の思想は、クロポトキンに代表される社会的ないし共産主義的アナーキズムとはやや異なるもう一つのアナーキズムのあり方を示しており、またアナーキズムという文脈のみならず、資本主義でも共産主義でもない「社会連帯経済」の歴史を語る際にしばしば論じられる点でも興味深い（Gardin 2006; Ferraton 2007, pp. 76–84）。

プルードンとクロポトキンの相違については、前者が交換や交易に基礎を置く個人主義的な「相互性（mutuality）」の思想、後者が共産主義的傾向を持つ「相互扶助（mutual aid）」の思想であり、そのようなものとしてその後のアナーキズムの二系列を代表する、という理解がしばしばなされてきた（Wilbur 2018, p. 214）。プルードンの思想が個人主義と言えるかどうかは微妙な問題であり、またこの二系列がどこまで明確に区分できるかも慎重に考える必要があるにせよ、アナーキズムの中心的な価値の一つである「相互的なもの」の中に様々な契機が含まれていることはたしかだろう。

実際、プルードンの議論を確認すればすぐに知られるように、彼はある面ではクロポトキンの相互扶助論と類似した議論を展開しつつも、同時にクロポトキンがさほど厳密に分析しようとはしなかった点にこそ強くこだわっている。本章であえて時間軸を逆行し、クロポトキンよりも前の時代に属するプルードンを最後に扱うのもそのためである。前もって述べれば、プルードンが論じようとしているのは相互的であることや助け合うことの複数のかたちであり、相互性が発動するための条件である。

プルードンの膨大な著作のうち、本章で主に取り上げるのは最晩年の著作『労働者階級の政治的能力』（一八六五年、以下『政治的能力』）である。同書は第二帝政期フランスの政治状況に即して労働者階級の取るべき方向を示したものだ。具体的な文脈は一八六〇年以降の「自由帝政」化、すなわち検閲の緩和や議会の権限の拡大といった体制の一定程度の自由化であり、パリの一八六三年の立法院議員選挙における体制内野党の伸長である。このような状況下でプルードンの関心は、農民を含む労働者が階級として自覚的・自律的に行動して政治的な主体になる方途を探ることにあったが、彼の議論は単なる戦略的・戦術的次元にとどまるものではない。彼にとって、労働者階級が自律した政治主体となること、すなわち「政治的能力」を有するための条件は、それ固有の「理念」をもつことにある。その観点から彼は同書で、労働者の実践に示唆を得つつ、そこではいまだ十分に明確になっていない理念を浮き彫りにすることを試みる。その理念こそが「相互性（mutualité, réciprocité）」だ。彼が提示する論点のすべてを扱うことはできないが、本章のここまでの議論との関連に留意しつつ、その特徴的な側面を取り出してみよう。

複数の相互性

プルードンが相互性に着目する理由は一見すればきわめて明快である。すなわち、一九世紀の産業化がもたらした貧困や種々のリスクに対処するうえで、私的な慈善・庇護や国家主導の救済はいずれも垂直的な権力関係を招き入れる点で避けなければならない。これは今まで見てきたアナーキズムの基本的志向とまったく軌を一にしているだろう。『政治的能力』において相互性の理念が本格的に論じられる部分の冒頭では次のように述べられる。

彼らは「連帯」と「責任」を同時に主張する。彼らはもはや「庇護」もヒエラルキーも望まない。彼らが望むのは尊厳の平等であり、それは経済的・社会的な平等化の不断の作用因である。彼らは「施し」とあらゆる慈善の制度を拒絶する。それに代えて彼らが求めるのは〈正義〉だ（Proudhon 1930, p. 122 = 1972, p. 133／『政治的能力』からの引用は以下CPと略記）。

「彼ら」と呼ばれているのは「六〇人宣言」の起草者たちだ。六〇人宣言とは、一八六四年の立法院議員補選にあたって、労働者がブルジョワ左派の候補者に協力する（言い換えれば指導される）のではなく労働者独自の候補を立てて戦うことを主張した文書で、H・トランを中心とするグループによって起草された。このようにフランス労働運動史における重要な画期をなす宣言への返答として『政治的能力』は記された。プルードンは、自由帝政下においてもいまだ政府の統制から自由ではない選挙への参加の意義を否定し、むしろ積極的な棄権を通じて選挙の正統性を疑義に付すこと、そして体制からの「分離」による自律を労働者に説く。彼にとってはそれこそが労働者階級が「政治的能力」を有するための途である。このような情勢認識の相違がありつつも、少なくとも労働者の自律、そして相互性の理念に関する限りではプルードンの思想と六〇人宣言はほぼ完全に一致している。プルードンが続けて言うところによれば、

彼らの多くは「相互信用」組合や「相互」扶助組合のメンバーであり、彼らが言うところではパリで「三五人が人知れずその仕事に従事している」という。つまり彼らは、共産主義を排する、「参加」という民法で認められた原理と相互性の原理とに基礎を置く産業組合の責任者である。（CP, p. 122＝133）

庇護やヒエラルキーや慈善に代えて求められるべきは尊厳の平等であり、それを実現するのは参加である。『政治的能力』で論じられる相互性の理念は、プルードンがかねてより論じてきたものであ

るとともに、同時代の相互信用組合や相互扶助組合の実践からも示唆を得ている。

国家主導の社会保障ではなく庶民自身の参加に基づき、サービスの提供者と受益者の乖離を避ける相互的な実践に着目することは、本章で見てきたようにその後のアナーキズムにおいて繰り返されるものである。ただしここでの問題は、プルードンの論じる相互性の内実である。彼自身が言うように「相互性にも様々なものがある」（CP, p. 132＝144）。彼が行おうとしているのは、相互性や相互扶助と称されているものの内容を区別したうえで、何が労働者を導く「理念」たりうるかを検討することだ。

プルードンによれば、フランス語の「相互的」ないし「相互性」にかかわる語 mutuel, mutualité, mutuation, réciproque, réciprocité は貸借、より広くは交換を意味するラテン語ムトゥウム（mutuum）に由来する（CP, p. 124＝134）。交換とのつながりが強調されることはすでに、クロポトキンのそれとは異なるプルードン的相互性の特徴を示しているだろう。クロポトキンは『相互扶助論』の「結論」において、相互扶助を「なされた悪に復讐しない」、「隣人からもらえそうな以上に自由に与える」という、「単なる等価、平衡、公正を上回る原理」によって特徴づけている（MA, p. 335）。つまりクロポトキンにとって相互扶助の意義は、いわば同等な価値の交換を越えた見返りなき贈与にこそ求められる。グレーバーもまた、基盤的コミュニズムが「交換」や「互酬性」（相互性）といったモラルとは全く異質であることを繰り返し強調している（グレーバー 二〇一六：一三三–一九二頁）。それらに対してプルードンは、あくまで交換としての相互性にこそ着目するのである。

このような相互性の特徴を明らかにするために、プルードンはそれが何ではないかを論じている。

例えば彼が紹介するのは、冬季の森林地帯において農民たちが共同で行う伐採の作業だ。「ある者は木を切り倒し、またある者は薪や樽材などを作る。子供や女性はおがくずを集める」。このような協働を通じて生み出された成果は、村の共有の財産となる（厳密にはくじ引きによって特定の世帯に分配される）。あるいは別の例として、火事で焼失した村における協働も挙げられる。そこではみなが作業を分担し、やがて「ふたたびそれぞれの家族が自分の家を、しかもより大きく美しい姿で取り戻す」。ここでは、「各人が各人のために、全員が全員のために働いたので、扶助は相互的であった」（CP, p. 141 = 153）。

さて、この二つの例は、クロポトキンならいずれも問題なく相互扶助の例に数え入れるようなものだろう（実際に火災の例については類似する実践をクロポトキン自身も論じている）。だがここで興味深いことにプルードンは、これらを「アソシエーション」ないし「共同の労働」ではあっても相互性ではないとする。[*3] 彼にとってアソシエーションとは「あらゆる努力」の「結合」と「あらゆる利害」の「融合」によって可能となる結びつきである（CP, p. 141 = 153）。そしてプルードンがアソシエーションに代えて相互性を主張する最大の理由は、まさにこの種の全面的な結合や融合が個の自由や独立を損ないうることへの懸念にある。

完全な相互性が存在するためには、各生産者が他の者たちに対して何らかの約束をし、彼らの方でも同様に彼に対して約束するのだが、そこで各生産者は完全かつ全面的な行動の独立を、振る舞いの完全な自由を、活動の完全な個性を保持しなければならない。相互性とはその語源によれば、力の集結や労働の共同というよりも、サービスや生産物の交換を意味するのだ。(CP, pp. 141-142＝153-154)

この箇所は取引における相互性を論じているため主体は「生産者」とされるが、重要な点は「完全かつ全面的な行動の独立」、「振る舞いの完全な自由」、「活動の完全な個性」である。相互性とはそれぞれの存在が平等につながり、なおかつ自由と独立を損なうものであってはならない。

経済一般のモデルとしての相互保険

このような相互性の実例としてプルードンが第一に挙げる例が相互保険(共済)だ。彼は現代の保険会社が莫大な利益を得ていることを述べた後で、その保険会社を相互化すること、すなわち被保険者たち自身が会社を所有することを相互性の一形態として論じる。そこではかつて会社の所有者が得ていた利益は被保険者の間で分配されるだろう。しかも保険という事業は行うべき労働も仕入れるべき商品もないから資本を必要としないため、このような自主管理は難しいことではないという。

プルードンによれば、このような相互保険は一部の者(会社を所有する資本家)のみを富ませる結果をもたらさない。営利事業としての保険について彼は「弱者が強者の犠牲になり、貧者が富者より

＊3 アソシエーションに対するプルードンの態度は複雑だが(藤田 一九九三：七七-一二五頁など参照)、いま検討している箇所に限ればアソシエーションは相互性の理念を引き立たせるための対照項にすぎず、積極的な位置付けは与えられていない。

も多く支払うような、取引における不平等とその結果としての不公正」を指摘している。それに対して相互性とは互いに公正な関係である。しかも重要なこととして、その公正な関係を実現するのは権力を有する第三者でもなく、あるいは市場原理でもない。むしろそれは、当事者同士が互いを出し抜こうとし合い、相手方の損失によって利得を得ようとするような行動――「互いを騙そうと努める二人の詐欺師」(CP, p. 137 = 149)としての振る舞い――を脱することによって可能になる。

プルードン的な相互性は交易や商業に親和的とされるが、それは少なくともこのような公正さの点で、市場原理とははっきりと異なるものである。かかる公正さは相手に対する誠実さを前提として成立する。しかもそのような誠実さは互いに(相互的に)発揮されるという条件でのみ要求されるため、一方的な無償の善意が求められるわけではない。必要なのは「善意の一致」(CP, p. 150 = 161)である。

それでは、このような「善意の一致」はいかにして可能となるだろうか。もっとも分かりやすい状況は、ある取引においてサービスの提供者と受給者が利害を共有することだろう。そのとき双方の関係はゼロサムゲームにならないからだ。前述した保険会社の相互化(相互保険)、すなわち会社を被保険者が所有することはその一つの手段である。そこでは保険会社が挙げた利益は被保険者に分配される以上、会社と被保険者のいずれにとっても相手を出し抜こうとする動機は生じにくい。これはこの時代のフランスに生まれつつあった協同組合の論理であり、現代の言葉で言えば「社会的連帯経済」の発想と近いものである。[*4]

プルードンにとってこのような相互性の射程はきわめて広い。具体的に適用可能な例として「公益質屋、慈善宝くじ、貯蓄銀行、年金基金、生命保険、託児所、保育所、養護施設、病院、救済院、孤児院、盲人院、廃兵院、〔修道院内に設置されていた〕暖房つき公共休憩室など」（CP, p. 132＝144）が挙げられており、ここには医療・年金・介護・保育・医療・扶助という、現代の社会保障に相当する領域がほとんど含まれている。しかも相互性の意義はこれにすら留まるものではない。もっとも根本的には保険に見られる相互性のあり方は、「経済界に対する一般的な批判のためのモデル」（CP, p. 136＝149）として提示されている。彼がアソシエーションではなく相互保険を典型例とすることからも明らかなように、彼の立論は全体として交易や取引という経済活動をもとに社会保障を考えるものになっている。逆に言えばそれは、いわば社会保障の観点から経済の全体を組み替えようとするものでもある。だからこそ相互保険が経済一般のモデルとなるのである。そこでは経済と別個に社会保障の領域があるというよりも、一つひとつの経済活動のすべてが多少なりとも社会福祉に貢献しうる実践となるだろう。

友愛から誠実へ

このようなプルードン的な相互性の意味について、本章のこれまでの論点との関連に留意しつつもう少し具体的に検討してみよう。まず注目されるのは、前述したフランスの相互扶助会について彼が言及している点だ。相互扶助会の重要な機能はリスクの共有、すなわち共済（相互保険）であり、そ

＊4　社会的連帯経済については廣田 二〇一六を参照。

れはたしかに彼の考える相互性にとって重要なインスピレーション源であっただろう。ただし彼は相互扶助会を手放しで称賛するわけではない。彼にとって、いま存在する相互扶助会は未だに「慈善」の範疇に属している。それは「相互主義の体制への単なる過渡」であるという（CP, p. 132 = 144）。

本章でもすでに見たように、一九世紀フランスの相互扶助会は友愛や宗教という「精神的」結びつきと密接に結びついて存在していた。だがプルードンの考える相互性にとってそれらは本質的でないどころか夾雑物に近い。その意味で相互扶助会は過渡的存在なのである。彼の求める相互性には慈善も友愛も献身も要らず、必要なのは権利と法と正義である。相互性が独立や自由を侵害することは認められず（それは相互性の名に値しない）、そうであればこそ、「善意の一致」が期待できない相手に一方的な善意を差し出す必要はない。善意の一致は自由の一致でもある。

そのような善意の一致を権力の強制無しに実現することは、プルードンの思想におけるきわめて重要なモチーフであり（この点は重田 二〇一〇をも参照）、彼はその可能性を様々な観点から繰り返し問い直している。その一つは右に見たような会社の相互化（利害の共有）だが、他に挙げられるのは情報の公開、いわば情報の相互化である。これは「標準価格表」として、彼が少なくとも一八四五年以来論じてきたテーマである（藤田 一九九三：九五–九六頁）。いま検討している『政治的能力』によれば、

交易が誠実で非難の余地のないものであるためには、……それぞれの国において、すべての生産者、商人、運送業者、取次業者、消費者が、原産地、原材料、在庫、品質、重要、原価、輸送費、

管理費などに関するすべての情報を双方が知り、正式に保証され、その上で、定められた価格と条件のもと、取り決め分の量を一方は供給し、他方は受け取ることを契約する必要があるだろう。よって収穫の状況、労働力、賃金、リスクと損害、人手の多寡、需要の大きさ、市場の動向などなどについての統計がたえず公開されなければならないだろう。（CP, p. 152 = 163）

取引に関する情報を広く公開する目的は、情報の格差によって不当な儲けを得る可能性を除外することにある。情報は交渉における自他の主張の誠実さ（ないし不誠実さ）を示すものとなるだろう。なおかつそこには権力による強制も必要ない。

以上より、相互性が求める善意とは、自他の置かれた状況を考慮したうえで、どのような振る舞いが公正であるかを考慮し、それに従うこと、と言えるだろう。それは自己利益を度外視した献身を要求するものではないが、他方では他者を犠牲にしてなされる自己利益の追求は否定される。またそれは個々人のモラルのみに依拠するものでもない。標準価格表や会社の相互化がそうであったように、内心がどうあれ公正に振る舞わざるを得ないような仕組みを作ることが重要である。

境界を越える相互性

もう一つの問題は相互扶助の範囲にかかわる。クロポトキンやグレーバーに即して確認したように、相互扶助はそもそも誰を自分と助け合うべき対等な存在と見なすのか、という想像力と不可分である。この点にプルードンはきわめて意識的だった。彼の鍵概念である「正義」はまさにこの問題を論じたものである。[*5]

プルードンが正義の理念をもっとも主題的に扱ったのは、一八五八年刊行の大著『革命における正義と教会における正義』だろう。全三巻で一六〇〇ページにわたる同書を貫く主題は、権威の原理に基づく「教会」の正義に取って代わるべき、内在と自律の正義（「革命」の正義）の可能性である。本章の関心にとって注目すべき点は、そのような正義がもつ相互的な性格が繰り返し強調されることだ。同書の第二研究第七章、「正義の定義」の最初の二項を引用しよう。

一　人は、彼に与えられた理性によって、自らの尊厳を、自分の人格においてそうするのと同様に自らの同類の人格のうちに感じ取り、個として同時に類として自らを肯定する能力を持つ。

二　〈正義〉はこの能力の産物である。それは人間の尊厳に対して自発的に感じ取られ、また互いに〔相互的に〕保障される敬意である――いかなる人格においても、また彼がいかなる状況に置かれているとしても、またそれを守ることがわれわれをいかなるリスクに晒すにせよ。

（Proudhon 1930–35 I, p. 423／以下同書からの引用はＪＲＥと略記する）

「同類」と訳した語（semblable）は元来の語義としては「似た者」を意味する。眼前の相手を自身に「似た者」として、すなわち自分と等しい尊厳を持つ存在として認めること、なおかつその尊厳への敬意が相互的に成されることが正義である。そして正義は社会の根本理念であり、彼にとって社会は正義なしには存在し得ない。その意味で、このように互いに平等な尊厳を認め合う関係はプルードンにとっての社会の原イメージそのものである。

なおクロポトキンは『相互扶助論』の重要な箇所において、プルードンの関心にも近いと思われることを述べている。それによれば、「正義または公平――自分以外の個人ひとりひとりの権利が自身の権利と対等なものであると捉えさせるもの――の感覚を、無意識に承認することに、人類における〈社会〉の基礎がある」(MA, p. 54)。正義とは自他の平等の承認であること、しかもこのような正義が社会の基礎にある――グレーバーの言を借りれば「基盤的」である――こと、この点でたしかにプルードンとクロポトキンは軌を一にしている。

しかしプルードンの正義論がクロポトキンと対照的なのは、彼の言う「正義」が「理性」にもとづく「能力」の産物とされる点だ。これは、人間を含むあらゆる動物に通底する本能として相互扶助を捉えるクロポトキンとは明らかに異なる視点である。さらにいえばプルードンの言う正義は人間においてすらあまねく見られるものではない。むしろそれは近代において、より端的には人権宣言に代表されるフランス革命においてようやく本格的に姿を現したものだ。フランス革命が開いた正義の意義と可能性を探求することが一八五八年の大著の目的である。

プルードンの正義論の重要な関心は、狭い共同体を超えた範囲で、いかに眼前の相手を自身と等しい尊厳をもつ「同類」として認め得るか、という点にある。互いの尊厳への敬意が損なわれた関係は、あたかも「互いに異なる種類の動物たち、平等ではない種の動物たち」の関係に等しい。そこで

＊5 プルードンの正義論について、より詳しくは拙著(金山 二〇二二)を参照されたい。

の両者のかかわりは、人と人というより人と馬のそれのようなものである（CP, pp. 147–148 = 159）。本章のこれまでの論述との関連でいえば、友愛や宗教に基づく結びつきに対する彼の一貫した忌避は、このような関心からも理解が可能である。プルードンがこの点にこだわる目的はひとえに、相互性を友愛や献身あるいは「共感」や「社交性」から切り離すことにある。それは境界や共同性に依拠しない相互性の模索であり、相互性が成立しうる「同類」の範囲をできる限り開くという意味を持つ。

正義を共感《シンパシー》や社交性といった純粋な本能的感情に帰することができないのは明らかだ。その感情を養うことは有益だし称賛に値するが、その感情はそれ自身としては敵に対する尊厳の尊重を生みだすにはほど遠い。〔だが〕その尊厳の尊重こそが正義を命じるのであり、共感は正義とは断固として相いれない。（JRE I, p. 416）

共感や友愛を感じられない相手――「敵」はそのもっとも極限的な例である――に対しても平等な尊厳を認めて誠実になることはできるし、それによって互いに利をもたらすことすらできるかもしれない。プルードンからすれば、閉じた共同性の中で共感しうる相手にのみ可能となる正義はその名に値しない。ここで考えられているのは、自然的な共同性や範囲に依拠することなく、むしろそれを越える相互性の可能性である。*6

4 おわりに――善意の一致はいかにして可能か

アナーキズムと社会保障を主題とする本章は、国家の外に社会保障の広大な領域が開かれうるし、また実際に開かれてきたという視点から出発し、その実践と理念について検討してきた。とくに本章で着目したのは相互扶助である。この概念に着目することで得られた知見をまとめよう。

まず確認すべきこととして、相互扶助が福祉国家の行う社会保障の総体に取って代わることはあまり現実的ではないだろう。それはアナーキズムが社会全体を組織することはできないのと同様である。実際にアナーキズムに関する近年の研究は、それを体制の基礎原理――いわば狭義のアナーキズム――というよりは、より広範かつ柔軟な「モーメント」として考える方向に進んでいる（森 二〇二三）。これは体制としてのコミュニズム（共産主義）の現実性が遠のく一方で、契機としての「コモン」（共）への関心がむしろ高まっていることとも軌を一にするだろう（ネグリ&ハート 二〇一二、Dardot et Laval 2014、斎藤&松本 二〇二三）。前述のようにグレーバーもまた、「基盤的コミュニズム」がたとえ基盤的であったとしても、それだけで組織される集団は存在しないと述べていた。

＊6　作家のブレイディみかこは、シンパシーと対比されるエンパシーの意義について、アナーキズムとの関連から検討している（ブレイディ 二〇二一）。本章の議論と直接にかかわるものではないが、感情的な共感ではなく理性にもとづく他者理解という点で、同書で論じられるエンパシーはプルードンの言う善意や正義と類似した性質を有すると思われる。

そもそも何らかの原理のみによって一元的に体制を作り上げようという試み自体が危険なものである、ということが二〇世紀史の教訓の一つだったともいえる。

したがって問題は、国家を完全に排した社会保障の体系が実現可能かどうかではない。むしろ問うべきなのは、国家を介さず、ひいてはあらゆる支配や権威に抗っていかなる社会保障的な実践がなされており、またなされうるか、それが社会保障のいかなる新たな可能性を開くのか、それを通じて福祉国家をいかに批判的に問い直すことができるか、ということであろう。本章ではそのような社会保障の可能性を示すものとして、個人と集団のエンパワーメントに資するような相互的な取り組みとしての相互扶助に着目した。

ただし本章で確認したもう一つの点は、アナーキズムにとって相互扶助が有する意味はさほど単純ではないということだ。そもそも相互的であることの意味自体が一枚岩ではない。本章では、共同体や見返りなき贈与に親和的なクロポトキンの相互扶助と、交換に基づくプルードン的な相互性とを対比しつつ検討してきた。近年ではアナーキズムと贈与のつながりに関心が寄せられることが多いが(山田 二〇二〇、澤田&岩野 二〇二三)、本章の議論はそれとはやや別のアナーキズム的契機を論じたものともいえるだろう。

そのような視点からわれわれが行きついたのは、相互扶助を可能にする条件という問いだ。クロポトキンの言う相互扶助やグレーバーの言う基盤的コミュニズムはそれぞれたしかに基盤的であるだろう。だがそれらの基盤的性格を認めたとしても、人間の本能が社会において様々な仕方で発露するのと同じように、相互扶助もまた様々な仕方で、様々な条件で、様々な範囲で発露しうる。例えばグレーバーが言うようにそれは「エクソン・モービルやバーガー・キング、ゴールドマン・サックス」の内部でも発揮されるかもしれないが、そこで相互扶助は単に巨大資本の利益に奉仕しているにすぎないともいえる。

相互扶助の条件という問いのなかで、本章がとくに主眼を置いたのは相互性の範囲や境界である。既存の境界や分断に依拠するのではなく、むしろそれを越えうるような相互性はいかにして可能であるだろうか。共同体の内部のように、各人の平等な尊厳が尊重されやすい場では相互性や相互扶助は比較的容易に成立しうる。それを逆に言えば、自他の平等な尊厳が自明ではない関係、他者が自身の「同類」(似た者)であると容易に前提できない関係においてこそ、相互性の意義や可能性が鋭く問われているということである。プルードンの正義論はまさにその点を問題にしていた。その問いを引き継いで考えるならば、友でも家族でも同僚でもない他者に対してどのように振る舞うときに、その二者は——人と動物ではなく——平等な尊厳を有する人と人として関わっているといえるのか、両者が「善意の一致」に至るための条件はなにか、それが相互扶助と相互性に課せられた問いであり、したがってまたアナーキズムの問いということになる。[*7] ある二者の間で境界と分断を越えて善意の一致が成り立つそのたびごとに、アナーキズムはわずかながら実現する。

＊　＊　＊

＊7　なお厳密に言えば、本章で検討した後期プルードンはアナーキズムを積極的に提唱しているわけではない。本章の議論は、アナーキズムから離れたとされる後期プルードンにアナーキズム的契機を見出す試みであるともいえる。

【読書ガイド】

・クロポトキン、ピーター『相互扶助論――進化の一要因』小田透訳、論創社、二〇二四年〔解題〕クロポトキンのアナーキズムの中核をなす相互扶助についてもっともまとまった形で論じたもの。本章の議論はプルードンの相互性に主眼を置いたが、クロポトキンの相互扶助論もまた様々な読み直しに開かれているだろう。なお同書は日本では長らく大杉栄による翻訳で知られていたが、二〇二四年四月により学術的に厳密な新訳が刊行された。

・プルードン、ピエール＝ジョゼフ『プルードン・セレクション』河野健二編、平凡社ライブラリー、二〇〇九年〔解題〕膨大で多岐にわたるプルードンの著作群のうち、本章では『労働者階級の政治的能力』を主に取り上げて検討したが、同書は邦訳が入手困難である。入手しやすく、また相互性を含め彼の思想の諸側面を概観できるものとして、このアンソロジーを挙げておく。

・グレーバー、デヴィッド&ウェングロウ、デヴィッド『万物の黎明――人類史を根本からくつがえす』酒井隆史訳、光文社、二〇二三年〔解題〕惜しくも二〇二〇年に急逝したが、グレーバーは現代のアナーキズムの再評価における中心的人物の一人である。ウェングロウとの共著にしてグレーバーの遺著である同書は、クロポトキンが相互扶助を軸として動物から人類の歴史を一貫して描こうとしたように、人間の自由を起点に人類史を描き直す試みである。

第2章　ベーシックインカム（基本所得）への批判的入門

ベーシックインカム（基本所得保障、以下「基本所得」）は、近年ますます関心を集めている。世界各国の政府や政策決定者は、各々の自治体において基本所得を実装する可能性について、単に関心を示すだけでなく、実際に提言や評価を行ってもいる。高所得国では、例えばカナダのブリティッシュ・コロンビア（BC）基本所得パネルが、公的機関が自らの福祉制度を基本所得型へと改革する可能性について、現時点で世界のどこよりも包括的な自己評価を発表している（Green et al. 2020）。低中所得国では、インドが二〇一七年に発表した文書（Government of India 2017）が、基本所得に関する政府報告としては現時点で最も包括的であり、後にこの報告は批判的吟味にもかけられている（Khosla 2018）。他にも多くの政府や自治体で似たような報告がなされている。

基本所得の理念は、政界の著名人によっても支持されてきた。二〇〇六年に南アフリカのケープタウンで開催されたベーシックインカム地球ネットワーク（Basic Income Earth Network／以下「BIEN」）第一一回国際会議において、デズモンド・ツツ大主教はこの理念への支持を表明し、基本所得運動は「万人の尊厳と幸福、そして包摂を進め、我々が思い描く公正な社会の展望へ我々を近づけてくれる」と述べた（Tutu 2006／以下和訳はすべて筆者）。オバマ財団の二〇二三年民主主義フォーラムの基調講演において、元アメリカ大統領のバラク・オバマは「人工知能によって、もし雇用が職業分野単位で消されてしまうとしたら……より大きな変革を考える必要が出てくる。そのため、勤労日数の短縮や普遍基本所得といった変革について、我々はすぐさま議論を始める必要がある」と述べている（Obama 2023）。

また、コロナ禍は基本所得への人々の関心を飛躍的に高めた。主に高所得国において、世界各国で一〇〇本以上の署名が立ち上げられ、そのうち二〇本が一万筆を突破した（表1）。アメリカでは三〇〇万筆を突破した署名があった。また、イギリスには、公的な制度を通して実施され、実際に政府から公式の応答を引き出した署名がある。二〇二〇年に、イギリス政府公式のシステムに「コロナ禍の間に住宅と食料を保障するための普遍基本所得を実施せよ」（Implement Universal Basic Income to give home & food security during Covid-19）という題名の署名が投稿され、一一万四五七四筆を獲得した（UK Government and Parliament 2020）。この結果はイギリス議会に審議を要請するための基準を満たしたため、二〇二〇年九月一七日に実際に審議が行われた。

基本所得への公的関心の高まりと並行して、現金給付に関する実証研究も近年大幅に増えている。アブドゥル・ラティフ・ジャミール貧困対策研究所（Abdul Latif Jameel Poverty Action Lab：J-PAL）は、ノーベル記念経済学賞受賞者のアビジット・バナジーとエステル・デュフロによって共同設立された。同研究所のデータベースには世界九六カ国から一二〇〇件以上の「ランダム化」[*1]研究が掲載されており、そこには一〇〇件ほどの現金給付研究も含まれる。また、二〇一九年に世界銀行は、基本

表1　基本所得に関する署名（1万筆以上を獲得した例）の一覧

年	国	筆数	題名
2020	US	3,051,400	すべてのアメリカ人に月額2000ドルを（$2000/month to every American）
2020	DE	496,786	コロナ危機を切り抜けるために無条件ベーシックインカムを（Mit dem bedingungslosen Grundeinkommen durch die Coronakrise）
2020	US	389,917	危機が終わるまで万人に月額2000ドルの普遍基本所得を給付するよう、ジョー・バイデンに公約させせよう（Get Joe Biden to Publicly Endorse Giving Everyone a $2000/month UBI Until Crisis is Over.）
2020	EU	201,714	緊急ベーシックインカムを今すぐEUのために！（Emergency basic income for the EU-now!）
2020	UK	180,755	コロナウイルス危機の間、普遍基本所得を支持する（Supporting an Emergency Universal Basic Income during the Coronavirus Crisis）
2020	UK	114,574	コロナ禍の間に住宅と食料を保障するための普遍基本所得を実施せよ（Implement Universal Basic Income to give home & food security through Covid-19）
2020	CH	91,776	直近の6カ月間、スイスで無条件ベーシックインカムを（Bedingungsloses Grundeinkommen für die Schweiz für die nächsten 6 Monate）
2020	US	83,649	普遍基本所得が今すぐ必要だ！（We Need Universal Basic Income NOW!）
2020	EU	53,673	欧州のための普遍基本所得を今すぐ試そう（Let's try Universal Basic Income for Europe now）
2020	NL	52,219	コロナ危機を切り抜けるために、今すぐベーシックインカムを（NU: een basisinkomen voor iedereen ter overbrugging van coronacrisis）
2020	CH	35,641	コロナ危機：今すぐベーシックインカムを！（Corona-Krise: Grundeinkommen jetzt!）
2020	IT	34,026	イタリアで普遍基本所得を制度化しよう（Istituzione di un Reddito di Base Universale in Italia）
2020	CA	31,453	COVID-19緊急ベーシックインカムのための署名（COVID-19 Emergency Basic Income Petition）
2019	CA	30,092	ベーシックインカム試験計画を守ろう（Save the Basic Income pilot）
2019	DE	24,573	ベーシックインカムの冒険：今すぐ全国的な試験を始めよう（Expedition Grundeinkommen: Jetzt staatlichen Modellversuch starten）
2018	CA	20,709	オンタリオのベーシックインカム試験計画を守ろう（Save the Ontario Basic Income Pilot Project）
2020	DE	20,000+	コロナ危機にベーシックインカムを！（Grundeinkommen in der Corona-Krise!）
2020	SE	16,295	コロナ危機にベーシックインカムを（Basinkomst under coronakrisen）
2020	NZ	11,358	コロナウイルス：万人に普遍基本所得を（Coronavirus: Emergency universal basic income for everyone）
2020	NL	10,959	コロナ危機に誰もが所得を得られるようにしよう（Niemand Zonder Inkomen Door De Coronacrisis）

出典：European Basic Income Network（2020）

【略号】CA：カナダ、CH：スイス、DE：ドイツ、EU：欧州連合、IT：イタリア、NL：オランダ、NZ：ニュージーランド、SE：スウェーデン、UK：イギリス、US：アメリカ合衆国所得に関する実証的証拠を包括的に扱ったガイドブックを出版している（Gentilini et al. 2019）。二〇二四年三月一五日現在、スタンフォード大学ベーシックインカム研究所の「世界地図」には、「定期的な無条件現金給付」を含む試験や実験、政策や計画の実地が一九二カ所も載っている（Stanford Basic Income Lab 2024）。

基本所得の研究者や推進派、そして反対派は、こうした傾向やデータから様々な結論を導き出そうとしてきた。本章では、そうした現代的な議論の一部を紹介し、批判的に吟味していく。これから見ていくように、著名な人物や推進派から出てくる主張はしばしば誇張や誤解を含む。基本所得に関する世論は、ニュアンスに富んでおり、文脈にも深く依拠しているが、「三〇〇〇万筆」のような大きな数字はそうした詳細を置き去りにしてしまう。基本所得政策の是非をめぐって実証的証拠を生み出すのは、一般に思われているよりも遥かに難しい場合が多い。知識論や方法論、そして倫理の問題群をていねいに考えていくことで、読者は基本所得をめぐる現代的議論に建設的かつ責任ある形で参加できるようになるだろう。

1　基本所得のコアにある志

貧困の撲滅は現代的な概念だ（Ravallion 2022）。このような善良な動機は、それに基づく政策の有効性を担保するものではなく、むしろ無効な政策や有害な政策すらも正当化しうる。社会心理学の実証的証拠を見るかぎり、「善人」という自己イメージを強化できるならば、政策立案者は劣悪な結果を招きうる政策でも強行するだろう（Tavris & Aaronson 2020）。基本所得を考えるときにも，理念的な志と，具体的な政策案を実施した際に生じうる効果とは，別々に考える必要がある。本節では，基本所得のコアにある志が「万人に所得基盤を提供すること」である点を示しつつ，この展望を実現するにあたって推進派が提案したさまざまな方策を批判的に検討していく。

生前に書いた最後の本『Where Do We Go From Here: Chaos or Community?』（未邦訳）において，マーティン・ルーサー・キング・ジュニアは既存制度の段階的改革の限界を指摘し，基本所得を擁護しようとした。キングによると，住宅や教育，そして家族支援などの条件付きかつ限定対象的な福祉制度を改革しても，それは「断片的かつ突発的」すぎて「貧者の最も深い要望を満たせない」（King 2010［1967］, p. 171）。また，「連携と十全性の欠如に加え」，この類いの計画は「貧困問題を解決するにあたって何か別の問題へ取り組む」ため，「間接的」すぎるとも言う。キングがさらに続けて指摘するには，条件付き福祉制度は「世俗的な富の不在が，勤勉な習慣や人徳の不足を意味する」という時代遅れな偏見を助長する。こうした問題群を乗り越えるにあたって，所得保証（guaranteed income）は「人間の価値をドルで計るという不正義」を除去し，「個人の尊厳を謳歌」できるようにすることで，とても深くポジティブな心理的効果をもつ（Ibid., p. 73）とキングは説いた。

このような「所得保証」計画の設計に関して，キングは二つの提案をしている。第一に，金額は貧

＊1　ランダム化：ある介入の実地研究をする場合には，例えば「基本所得あり」「条件付現金給付あり」「現物給付あり」「介入なし」等々といった形で，異なる介入ごとに被験者をグループに分ける。このとき，被験者を各グループにランダムに割り振ることを「ランダム化」と呼ぶ。

困線ではなく所得中央値に固定するべきだとキングは論じる。なぜなら、貧困レベルの所得を保証しても、「福祉基準を維持し、貧困状態を社会に根付かせてしまうだけ」だからだ（Ibid., p. 173）。第二に、金額は「動学的であるべき」だと、すなわち「社会全体の総収入が増えるにしたがって、自動的に増えるべき」だとキングは述べる。経済成長の最中に、基本所得の相対的な購買力が落ちないようにするためだ。[*2]

キングの提案にはいくつかの欠陥が含まれている。第一に、金額を所得中央値に固定しても、貧困線以上の所得が保証されるわけではない。キングの同時代に、アメリカ政府はモリー・オーシャンスキーの貧困線の概念を採用した。そこでは、「節約食料計画」（金銭不足の際の一時的な緊急食事計画）のドル換算金額の三倍を、世帯構成員の人数でかけた値を含む三つのしきい値が定義された（Fisher 1992）。このため、キングの提案に従ったとしても、アメリカの人々の過半数が貧困線以下の所得で暮らす可能性は否定できない。なぜなら、オーシャンスキーの定義に従うと過半数の人々が節約食料計画以下の収入を得ることも可能であり、その場合は所得中央値が貧困線以下になるだけだからだ。第二に、経済の規模に合わせて金額を増減させるということは、不況時においては基本所得の名目金額も下がることが予想される。これはしかし、貧困の撲滅という目標と対立する可能性がある――生活困窮者が、不況を乗り切るための資産や貯蓄をもたない場合はなおさらだ。さらに、キングのアプローチは、そもそも「社会全体の総収入」を信頼できる形で計測するにはどうすべきかという、とても重要な問題を含んでいる。

こうした問題群があるにせよ、キングの議論は、基本所得のコアにある志が「万人に所得基盤を保証し、貧困を撲滅すること」だという点を示している。また、名目金額を設定する提案に比べ、キングの基本所得の考え方はより洗練されていると言える。なぜなら、通貨の購買力の増減や、社会が物品やサービスを生産し分配する能力の変化に、キングは目配りできていたからだ。

現に、現代の推進派による基本所得の財源論は、しばしば静学的な簿記演習に終始しており[*3]、キングが認識していたような増減や変化の問題に取り組めていない。一例として、著名な基本所得研究者・推進者のマルコム・トリーは、「就労年齢の成人には週六五ポンドを支払い、さらに子どもや若者や高齢者には異なる金額を給付するような基本所得を、イギリスで実施できる」と主張する（Torry 2022）。二〇二〇年アメリカ大統領民主党予備選候補者のアンドリュー・ヤンも、成人アメリカ国民全員に一人当たり月額一〇〇〇ドルの「自由配当」を給付する政策を推進した。財源は、付加価値税の導入と、既存の条件付き福祉制度の一部をオプトアウト方式で徐々に撤廃していくこと、そして基本所得導入に伴う諸々の経済効果で賄うとされた（Yang 2018）。普遍基本所得センター所長のマック

＊2　購買力：ある通貨が実際にどれくらいの物品やサービスを買えるかを示す指標。例えば、同一の缶ジュースの値段が日本では二〇〇円、イギリスでは二ポンドだった場合、その缶ジュースに関しては二〇〇円と二ポンドが同一の購買力をもつことになる。相対的な購買力の変化とは、物価の変化に伴って（日本ならば）一円当たりで買えるものの質や量が変化することを指す。経済成長に伴って物価が上がった場合、購買力は相対的に落ちることになる。

＊3　静学的：一般に、時間の関数として何かを考えることを「動学的」、時間を度外視して考えることを「静学的」と言う。ここでは、ある時点（例えば、ある会計年度）でのデータを使って収支を試算することを「静学的な簿記演習」と呼んだ。

ス・ゲニスは、ヤンの提案をさらに掘り下げ、例えば「年収二万五〇〇〇ドルから五万ドルで、手当を受けており、構成員が大人一人と子ども一人の世帯を選択した場合、この選択基準を満たす世帯は平均で」月額四一九ドルの増収を見込めるという分析結果を発表した（Ghenis 2019）。また、日本の研究者の原田泰は、会計二〇一二年度のデータを用い、日本で基本所得を実施する場合、成人国民一人当たり月額七万円と未成年国民一人当たり月額三万円に対して財源を確保すればよいと主張した。原田によると、これはすべての所得層に一律三〇%の所得税を課し、他の社会保障（年金や失業保険等）を撤廃または大幅縮小すれば達成できる。あるいは、所得分配効果に注目した場合、原田案の導入は、生活保護制度の予算約一兆九〇〇〇億円を貧者に向けて直接現金給付することに相当する（原田二〇一五）。こうした分析は、特定の会計年度のデータに基づいて静学的な結果を導いており、動学的モデルによって購買力や消費者価格、失業率などの有意義な指標の変化を考慮するには至っていない。

このような静学的モデルに基づく分析は、低中所得国における経済貧窮を軽減するために基本所得が推進される際にも使用されている（Gqubule 2024）。おそらく最も印象的な例としては、学術誌『ベーシックインカム研究』が主催する論文賞（Basic Income Studies Essay Prize）を二〇一七年に受賞したトーマス・R・ウェルズによる論文「今すぐ貧困を終わらせよう――世界最低所得保証制度の擁護」（Just End Poverty Now: The Case for a Global Minimum Income）が挙げられる（Wells 2019）。そこでウェルズは、地球上のほぼ万人に、世界銀行が定義する「極度の貧困」（extreme poverty）を上回る所得、すなわち二〇一一年の購買力平価で日額一・九ドルを上回る所得が保証されるような制度を提案し擁護している。これを達成するためには、低所得国の住民全員に一人当たり日額一ドルが無条件で現金給付され、中所得国ではより限定対象的な策が講じられる。実現可能性に関しては、低所得国においてATMなどの金融インフラを設置し、統計能力（国民身分証明登録簿など）を向上するために「かなりの設備コスト」がかかることをウェルズは認めている（Ibid., p. 8）。金銭的コストに関しては、給付や設備を含む総コストとして、ウェルズは年額四〇〇〇億ドルを見積もっている。世界規模で見ると巨額のコストに思えるかもしれないが、高所得国と低所得国の二国間合意でこの基本所得計画を徐々に実装していくこともできるとウェルズは指摘している（Ibid., p. 9）。ウェルズが一連の課題を認めたという点は評価できるものの、このような国際規模・世界規模の基本所得計画を実装した際に生じるトレードオフやリスクが十分に予測されているとは言い難い。特に、各国の通貨の購買力に対して現金給付がもたらしうる影響を、ウェルズは考察できていない。これは重要な問題点だ。なぜなら、ウェルズが参照する極度の貧困は、二〇一一年の米ドルの購買力平価（ＰＰＰ）[*4]によって定義されている。そのため、名目で日額一ドルを給付しても、各国通貨がそれによってインフレ圧力を受けた場合、極度の貧困の撲滅からは程遠い効果しか期待できない可能性もある。

さらに、ウェルズは所得のみを参照する一次元的な貧困指標に依拠しており、それによってかかる基本所得計画の効果を誇張してしまっている。国際連合開発計画（United Nations Development Pro-

＊4　購買力平価（ＰＰＰ）：「購買力」の注（＊2）を参照。「平価」とは、同じ商品に対する通貨ごとの物価を表す。ここでは、二〇一一年の対米ドルＰＰＰの換算レートを基準にして異なる場所、時点、そして通貨の購買力が表されている。データの取得年や基準年によって値が変わる場合もあるので、注意したい。

gramme、以下「ＵＮＤＰ」）は、サビーナ・アルカイアとジェームズ・フォスターが開発した「多次元貧困指標」（multidimensional poverty index）を二〇一〇年に採用した。そこには、健康や教育、そして生活水準に関する一〇項目のインディケータが含まれる。世界多次元貧困指標に関する最新のＵＮＤＰ報告が示すように、世界六一カ国のうち四二カ国では、世界銀行が定義する極度の貧困（二〇一七年購買力平価で日額二・一五ドル以下へと二〇二二年九月に更新）の状態で生きる人たちよりも、多次元貧困状態で生きる人たちの方が多い（UNDP 2023, p. 3）。世界銀行さえも、「金銭的貧困だけでは、多次元貧困状態にある個人のうち、一〇人中四人近く（三九％）が抜け落ちてしまう」という点を認めている（World Bank 2023）。こうした共通了解が形成されている中で、極度の金銭的貧困の撲滅を貧困の撲滅全般と等価に扱っては、多次元貧困の問題を「基本所得ウォッシュ[*5]」してしまうというリスクが生じる。

これまでの分析をまとめよう。基本所得推進派は、万人に安定的な所得基盤を提供する（そして貧困を撲滅する）という展望をしばしば共有している。それは高所得国の市民全員が対象の場合もあれば、地球上のすべての人々が想定されていることもある。展望自体は高尚だが、その実現手段としての基本所得は、あたかも単純明快な介入であるかのように誤って提示されることが多い。次節以降では、基本所得のコアにあるこの志を念頭に置きつつ、基本所得の概念と実装をめぐる学術的言説を批判的に吟味してみたい。

2　定義するのは難しい

基本所得が定義されるとき、それは誤解を招くほど単純である場合が多い。現在最も広く使われているのはＢＩＥＮの定義だが、ＢＩＥＮによると、基本所得とは「資力審査や就労義務なく、万人に向けて個人単位で定期的に行われる無条件現金給付」だ（BIEN 2024）。テズ・ラーネンに従い、これを基本所得の「典型理念」定義と呼ぶ。ラーネンが指摘するように、「基本所得の典型理念定義は、基本所得の金額レベルや財源等々、非常に重要な政策デザイン要素に関して、驚くほど何も教えてくれない」（Laenen 2023, p. 17）。金額レベルに関して、ＢＩＥＮは典型理念定義を拡張しつつ、「完全」基本所得に関して「大きさや頻度が安定しており、他の社会的サービスと組み合わせたときに、物質的貧困を撲滅し、すべての個人による社会的・文化的な参与を可能にする上で十分なもの」という、広く受け入れられている定義を引用している（BIEN 2016）。しかし、ＢＩＥＮはこの定義を必ずしも支持しているわけではない。むしろ、ＢＩＥＮは「完全」「部分」基本所得という区別が「論争を生んできた」ことを認めつつ、「ＢＩＥＮはこれを公式に定義しようとはしない」と述べている。山森亮が指摘するように、金額を定めない場合、月額一ペニーの基本所得でも厳密にはＢＩＥＮ

＊5　ウォッシュ：一般に「欠点や欠陥を隠す」という意味。～ウォッシュと言うときには、「～によって欠点・欠陥を隠す」という意味になる。ここでは、基本所得による金銭的貧困の解決によって、その他の形での貧困を隠してしまうことを指す。

の定義を満たすが、それではＢＩＥＮが推進するさまざまな成果が得られない（Yamamori 2022）。現時点でのＢＩＥＮの定義は、山森の批判も考慮した場合、前節で見た基本所得のコアにある志と整合しないとも言えるだろう。

また、ラーネンが指摘するように、ＢＩＥＮの定義は基本所得の財源にも言及していない。これは重大な欠落だ。例えば、公的支出に基づく制度をすべて撤廃し、代わりにそれなりの金額の基本所得を導入すれば、ＢＩＥＮの定義は満たすかもしれないが、そのような政策は明らかに理不尽だ。ラーネンがさらに続けて指摘するとおり、ＢＩＥＮの定義では基本所得の金額が固定されていない。これは実際の政策設計と実験の文脈で重要な点だ。例えば、推進派の中には、未成年には成人よりも低い金額を給付すべきだと論じる人もいる。また、金額の変動は、無条件性という要件と矛盾する可能性もある。なぜなら、ある変数（年齢、就労状態、居住地など）に応じて基本所得の金額が増減する場合、少なくとも給付金額の一部に関しては、この変数が暗黙の給付条件として機能するからだ。

こうした論点を総合すると、基本所得という理念は、疑義を取り除くような意味で単純なのではなく、むしろ誤解を招く意味で単純である（Laenen 2023, pp. 2–6）。実のところ、基本所得政策を実装するためには、ラーネンが挙げた項目の他にもいくつかの追加条件が満たされる必要がある。基本所得研究では軽視されがちなものとして、いくつか実装条件の例を挙げてみたい。

送金インフラ　自治体内の人々は、個別の銀行口座をもつ必要があり、政府や地方自治体はこうした口座へ入金するにあたって信の置ける手段をもつ必要がある。システム故障や詐欺に対する安全対策も整備する必要がある。この要件は、インドのマディヤ・プラデーシュ州やケニアのラリエダ地区での実験（詳しくは後述）が明示している。高所得国でもこの課題は存在する。例えば、デイビッド・グリーンらの推計によると、カナダでは全人口の三％から六・六％がカナダの「税制度から完全に除外されている」（Green et al. 202, p. 19）。税を申告しない人たちを加味した場合、この割合は最大で一五％にまで達する。現金給付を万人に行うためには、こうした課題を解決する必要がある。

政治の安定　本章で徐々に明らかにしていくように、基本所得は政治的な利用や操作に対して脆弱である可能性がある。また、財政上の持続性や民主的な説明責任の遂行、そして国民の幸福に対する効果も、汚職によって悪影響を受ける場合がある。そのため、基本所得が機能するためには、安定的かつ透明な政治環境が欠かせない。

通貨の安定　頼れる所得基盤を万人に提供するためには、現金給付の購買力がそれなりに安定している必要がある。これを達成するためには、消費者価格や通貨の価値を一定に保ちつつ、インフレーション率を許容範囲に収めるという義務をもつ、国営銀行のような頼れる金融機関が必要となる。

統計能力　計量経済学的データを収集し分析する能力は、基本所得の要件を満たす上で欠かせない。例えば、国内総生産（GDP）集計や一人当たりGDP、そして消費者価格などに関して信頼できるデータが得られない場合、まともな生活をおくるために必要な名目金額を算出することも難しい。低中所得国の多くは十分な統計能力をもっておらず、これによって基本所得を実装する候補国から除外されてしまう可能性もある。例えば、二〇一九年の時点では「世界各地で約一〇億人の人たちが政府公認の身分証を持っておらず」、その大半はインドやナイジェリア、パキスタンやエチオピアなどの低中所得国の居住者となっている。（Gentilini et al. 2019, p. 225）

一連の実装条件を認めると、基本所得は、貧困対策を最も必要としている貧しい人々や国々のための実践的な解決策であると言うよりも、むしろそれほど貧しくない国々が自国の人々の比較的豊かで平等な生活水準をさらに向上させるための政策であるという仮説が立てられる。欧州連合（EU）の文脈で、ザッカリー・パロリンとライナス・シェーランドは、基本所得の「需要と能力のパラドックス」を提示し、基本所得を最も必要としている人たちほど、それを実装する能力が最も不足していると述べた（Parolin & Siöland 2020）。次節以降でも論じるが、事例研究から得られた証拠を見ると、パロリンとシェーランドの仮説はEUを超えて全世界へと一般化されてよいと言える。

こうした諸条件に加え、基本所得の定義は個々の政策デザインの選択にも左右される。例えば、BC基本所得パネルは一三項目（Green et al. 2020）、ラーネンは一二項目（Laenen 2023）の「政策デザイン要素」をそれぞれリストアップしているが、それらはかなりのところまで重複している（表2）。

表2　基本所得のデザイン要素の２つのリストの比較

	B. C. 基本所得パネル（2021）	テズ・ラーネン（2023）
重複	普遍給付 対 所得審査	普遍性
	広範 対 限定対象	条件性
	十分さ（適切さ）	手厚さ
	一律性	一律性
	他の制度との相互作用	統合性
	期間	期間
	頻度	頻度
	受益者単位	個別性
	所得単位	
	所得規模	蓄積性
	管理の仕組み	管理の仕組み
	財源	財源
差異	目的	形式

出典：B. C. Basic Income Panel（2020, pp. 309–311）および Laenen（2023, p. 19）.

諸々のデザイン要素とその組み合わせを見れば分かるとおり、「基本所得」「ベーシックインカム」という名前の単一の政策テンプレートは存在しない。数百もの政策が、幾多の文脈において設計され評価されうると言う方が正確だ。そのため、「基本所得」という総称は、そこに含まれる政策群の多様性を念頭に置きつつ、注意して使われるべきだろう。

関連して、基本所得はしばしば負の所得税と対比されてきた。負の所得税においては、政府が還付可能な税額控除を、所得基盤として機能する上で十分な金額だけ設定する。これによって、納税者全員に所得基盤が保証される。多くのデザイン次元（特に手厚さと一律性）において、基本所得と負の所得税は同一の結果を生むことが多い。鍵となる相違点は、管理の仕組みとその影響にある。フィリップ・ヴァン・パレイスとヤニック・ヴァンデルボルトが論じているように、基本所得が会計年度の初めに支払われるのに対して、負の所得税の正味受益者は年度末まで待つ必要があるが、「貧しい人たちには税年度の終わりまで待つ余裕がない」（Vanderborght & Van Parijs 2017, p. 37）。この問題を緩和するために、負の所得税の還付制度として、納税者が事前に負の所得税の還付を必要としているかどうかを申告するという代案も考えられるが、それでは新たに大きな管理コストがかかってしまい、条件付き福祉と似たような形で低所得の納税者にスティグマを与えてしまう（Ibid., p. 38）。ヴァン・パレイスとヴァンデルボルトがさらに指摘するところによると、会計年度末に税申告が行われるバージョンでは特に、負の所得税は市場所得を税還付とのトレードオフとして見せてしまうため、労働意欲を削いでしまう。

さらに、基本所得と負の所得税では、インフラ要件も異なる。負の所得税が普遍的な所得基盤として機能するためには、資格を有する個人全員が該当の税制度に登録されている必要がある。しかし、例えばカナダを見てみると、ＢＣ基本所得パネルが提示した実証的証拠からは「全人口の三％から六・六％が、税の登録簿にまったく含まれていない」という結果が示唆されている（Green et al. 2021: 14）。税を申告していない人たちを含めた場合、カナダ国内で税記録を持たない人々の割合は「一一％から一五％」にまで跳ね上がる（Ibid., p. 19）。同報告書の共著者たちは、「既存の税制度を使って普遍的手当を提供した場合、最も所得が低い人たちや最も脆弱性が高い層の人たちを含め、多くの人たちが抜け落ちてしまう」という結論に至っている（Ibid., p. 20）。この問題は、税制度の管理体制の質がカナダよりもはるかに低いような低中所得国では、より一層切実となる。負の所得税に比べると、基本所得は受給者を多様な政府身分証制度によって特定できるため、完全とはいえない税登録簿をもつ国においてさえも、普遍的な給付を達成できる可能性がある。

これまでの考慮事項を俯瞰してみると、基本所得を定義し、給付条件や実装条件を実践的に透明化していくことの難しさが分かるだろう。

3 世論はどうなっているのか

民主主義社会においては、代替政策が議論されるとき、一般世論が大きな知的・倫理的重みをもつと思われる（Gunn 2019）。そのため、本節では基本所得に関する一般世論に目を向ける。

既存の研究では、テズ・ラーネンの『The Popularity of Basic Income』が、基本所得に関する主要な世論調査を扱ったおそらく最も包括的な分析となっている。ラーネンによると、基本所得に関する一般世論に関係者が注目すべき理由はいくつかある。まず、世論調査は基本所得の政治的実行可能性について洞察を与えてくれる。基本所得への支持は、国単位に限らず、特定の人口層や組織層、社会経済的階級やイデオロギーなどの単位でも調べられる。こうすれば、推進派は一部のグループを味方として識別でき、他のグループを説得の対象として特定できる（Laenen 2023, p. 26）。さらに、そもそも基本所得が最善の選択肢なのかという点も含め、政策案への意見や評価の出所として、一般世論は重要な役割を担う。

実装の段階においても、政策のメカニズムをしっかりと調整し安定させる上で、世論調査は貴重なサポートを提供してくれる。例えば、人口の大半に対する大幅な増税を財源とする基本所得政策案があり、これが広く反対を受けていた場合、そのような政策を実装してしまうと、納税者による広範な反乱を引き起こす恐れがある[*6]（Ibid., p. 28）。受給資格や金額の手厚さ、条件性や他の社会制度との統合などの設計次元においても、似たようなリスクが存在する。

また、一般世論は基本所得研究の方向性を決定する一助にもなる。例えば、基本所得はフェミニスト的な政策であり、女性から広く支持されるはずだという理論を研究者が打ち立てたとしよう。しかし、条件付き福祉よりも基本所得を好む女性の割合が男性のそれよりも高くなかった場合、理論の前提を批判的に見直し、然るべき修正を加える動機が研究者の間に生じる。

こうした理由から、一般世論の研究は、信の置ける形で行われ、ニュアンスに富む必要がある。ラーネンは、研究対象の世論調査を「方法論的に十全」かという基準に基づいて選んだ（Ibid., p. 42）。そこではＵＮＤＰが二〇一七年に中国で行った詳細な世論調査が除外されているが（UNDP 2017）、読者のみなさまには、このＵＮＤＰ調査も一読を勧めたい。また、特定のグループの意見に関しては、対象グループや比較内容が細かくなればなるほど、データも限られてくる。ラーネンは欧州社会調査（ＥＳＳ）を最も仔細かつ包括的で信の置ける典拠として扱っているが、他方では典拠ごとの長所と短所を、問題ごとの文脈で慎重に分析してもいる。

紙数の制限から、本節ではラーネンの研究の豊かな内容を十分に咀嚼することはできない。それでも、いくつかの洞察は特筆に値する。基本所得の研究者や推進派、そして反対派がよく行う主張が問題になっているからだ。

第一に、研究者や政策立案者は、労働意欲への負の影響こそ、基本所得に対する最も広範な公的懸念事項だと仮定しがちだ。この仮定は、ある程度までは世論調査によって裏付けられる。なぜなら、基本所得に反対する論拠として、労働意欲はしばしば上位に挙げられているからだ。しかし、この仮定には三つの問題がある。第一に、イギリスの世論調査二件では、基本所得は労働意欲を削ぐと考える人よりも、労働意欲を高めると考える人の方が多かった（Laenen 2023, p. 207, p. 252）。この二つの見解がこれほど明瞭に対比された世論調査は、ラーネンのサンプルには他に含まれないという点も付言しておきたい。第二に、労働意欲への負の影響は、基本所得に反対する理由として必ずしも最上位ではない。例えば、イギリスの世論調査では、貧困層へ給付対象を限定すべきという論拠と、現金ではなく現物を給付すべきだという論拠の方が、反対意見としてより広く支持されていた（Ibid., p. 207）。欧米の高所得一〇カ国において実施された別の世論調査では、基本所得は人々の収入を政府に依存させてしまうという見解が、一〇カ国中九カ国で最上位に挙げられた（Ibid., p. 214）。韓国の世論調査では、納税負担の増額という懸念事項の方が、労働意欲の減少よりも広く支持されていた（Ibid., p. 220）。第三に、労働意欲への負の影響が懸念事項として最上位に来た場合（主に欧米の例）でも、回答者自身が基本所得によって自分の労働時間を削減するかと聞かれた場合、結果は劇的に異なる。アメリカの世論調査では、回答者の四八%が基本所得は労働意欲を削ぐと答えたが、個人的に

＊6　納税者の反乱：納税者が納税を拒んだり、与党を落選させたり、組織化して税制に抗議したりすること。英語では tax revolt と呼ばれる。

自分の労働時間を減らすと答えた人の割合は二一％にすぎなかった（Ibid., p. 215）。欧州諸国の世論調査では、基本所得が一般的に労働意欲を削ぐと答えた人の割合は四三％にのぼった（Ibid., p. 211）が、欧州六カ国で行われた別の世論調査では、自分の労働時間を減らすとする回答者は八％から一六％しかおらず（Ibid., p. 216）、アメリカの場合よりもさらに劇的な差となった。こうした洞察を総合すると、基本所得に対する反対世論の主な論拠が労働意欲への負の影響かどうかは、設問や文脈によって大きく左右されると思われる。そのため、労働意欲の削減は常に最も顕著で重要な問題であるという考え方は、多くの場面で誤っている。

第二に、基本所得は女性や左派の人たち、また既存の社会制度に不満をもっている人たちの間でより広く支持されているという仮定や主張も、推進派の間でしばしば散見される。ラーネンの研究結果は、こうした仮定にすべて疑問符をつけている。まず、世論調査が明瞭に示すように、女性と男性は、基本所得に対しておよそ同程度の支持しか表明していない（Laenen 2023, pp. 72–73, p. 160）。これは、基本所得への支持率が性別によって大きく異なるという仮定を直接反駁している。次に、たしかに左派は右派に比べて基本所得への支持率が高いが、それはそもそも左派の方が社会福祉一般に対して支持が厚いからだ。条件付き福祉と基本所得の比較を見た場合、左派も右派も条件付き福祉をより広く支持するという結果が出ている（Ibid., p. 292）。最後に、自国の福祉制度が機能していないと感じている人たちは、そうでない人たちよりも基本所得への支持率が低い（Ibid., p. 97）。よって、既存の社会制度への公衆の不信や不満にうったえかけて支持を広げようとする推進派（Yang 2018）は、誤った仮定に立脚してしまっている可能性がある。

ラーネンの分析は、基本所得の多様な政策設計案に対する世論も考慮しており、手厚さや普遍性、条件性や財源の仕組みなどの差異にまで目配りができている。中でも、国や帰属集団、属性や政策設計に関わらず、ほぼすべての場合で、条件付き福祉の方が基本所得よりも支持率が高かったという結果は、特筆に値する。また、ベルギーの世論調査が示すように、肯定的な主張が基本所得への支持を高める割合よりも、否定的な主張が基本所得への支持を低める割合の方が大きいという結果も、やはり特筆に値する。例えば、世論調査の最中に「基本所得は貧困率を下げる」という肯定的な主張を聞いて基本所得支持へ意見を変えた人の割合は二七%だったが、「基本所得は貧困率を上げる」という否定的な主張を聞いて基本所得不支持へ意見を変えた人の割合は四六%だった。つまり、世論を動かすにあたっては、肯定的な議論よりも否定的な議論の方が効果的というわけだ。この「否定性バイアス」は推進派にとって大きな課題であるとラーネンは述べており（Laenen 2023, pp. 293–295）、筆者もこの評価に同意する。

本節を結ぶにあたって、基本所得に関する日本での一般世論も手短に考察する。このテーマに関する世論調査は、日本にはあまり存在しない。ここでは、二〇〇九年に実施され、伊多波良雄（Itaba 2023）および髙松里江と橘木俊詔（Takamatsu & Tachibanaki 2023）によって分析されている世論調査「Questionnaire Survey on the Community Life and Welfare」に注目する。この世論調査では、都市住民六〇〇〇人が比較的低所得の地域から標本された。これは伊多波では東京と大阪、髙松と橘木では東京と関西という風に報告されている。そのうち二三八九人が調査の一部または全体に回答した。調査の冒頭での質問は「必要最小限の生活費を政府がまかなうという考えをどう思いますか」だった

(Itaba 2023)。提示された考えに対して、回答者は「五．賛成」「四．どちらかというと賛成」「三．どちらともいえない」「二．どちらかというと反対」「一．反対」の五段階の選択肢を与えられた。総じて、回答者の二九・六％が賛成（五または四）、三六・一％がどちらともいえない（Ibid., p. 3）、そして三二・二％が反対（二または一）だった。この結果はさらに、性別や年齢、世帯構成や福祉受給の有無、学歴や所得といった因子によって細分化された。中でも、過去に社会福祉手当を受けたことのある人たち（n＝六三）は、そうでない人たち（n＝二二六五）に比べ、冒頭の質問に対して「賛成」と答える割合が二倍近く大きかった（Ibid., p. 181）。また、所得レベルとの間にも強い相関が見られ、月収が上がれば上がるほど基本所得への反対の割合も大きくなったが、この傾向は月収七〇万円までしか続いていない（Ibid., p. 182）。加えて、この調査には日本における社会経済的格差に関する質問も含まれていたため、回答者の基本所得に対する立場と格差に関する見解との間の相関も算出することができた。

高松と橘木による分析は、伊多波に比べるとやや明瞭性に欠ける。なぜなら、世論調査の結果の相関を直接算出する代わりに、高松と橘木は独自のラベルを導入したからだ。例えば、「所得格差の低減は政府の責任だと思いますか」という質問に対して肯定的に答えた人たちは「リベラル」、否定的に答えた人たちは「保守」とそれぞれ定義づけられた（Takamatsu & Tachibanaki 2023, p. 201）。さらに、「年収が一定額以下の就労者に向けて」政府が「補助をする」システムに関する意見は、負の所得税に関する意見として解釈された。こちらの解釈は特に賛否両論がありえる。なぜなら、負の所得税案の大半においては、就労状態を問わず、税登録簿に含まれる個人全員が税還付を受けるからだ。とはいえ、この留保を加味してもなお、高松と橘木の調査結果では、すべての回答者（n＝一二八六）のうち四六・五％（n＝五九八）が、このような就労者向けの賃金補助システムに賛同している（Ibid., p. 205）。

日本における二〇〇九年のこの世論調査には、ある重要な制限があった。回答者には、基本所得への賛否の理由を述べる機会が与えられなかったからだ。さらに、ラーネンの分析対象となっている世論調査の大半とは異なり、日本の世論調査では冒頭の質問の文言が曖昧であり、そのため回答が基本所得への賛否として解釈されうるかどうかに疑問の余地が残ってしまった。すなわち、「必要最小限の生活費を政府がまかなうという考え」には、普遍性や無条件性が明示的には含まれておらず、よって初見には、一定の所得金額以下の個人や一定の行動条件を満たす個人のみを対象とした条件付き福祉としても解釈できてしまう。将来的な世論調査では、基本所得に対する日本の世論をより正確に把握するために、各政策案をより明瞭かつ精確に提示していく必要がある。その際には、回答者から回答の理由を収集しつつ、詳しい定性研究によってこれを補足していくのが好ましい。

4　国単位の事例研究

基本所得はほとんどの場合、全国規模の計画として構想される。そのため、カール・ワイダークイストは、全国規模の基本所得実験を最も質の高い証拠の源泉として挙げており（Widerquist 2018）、筆者もこの評価にはおおむね同意する。とはいえ、既存の国単位の事例研究がそのような証拠を与えてくれるかどうかは、また別の問題だ。二〇二四年三月の時点では、国単位での無条件現金給付計画のうち、基本所得として捉えられているものは二つある。それはイランの現金補助制度とモンゴルの人間開発基金であり、この二つは世界銀行の報告書において「純粋な普遍基本所得」に分類されている（Gentilini et al. 2019）。

イランの制度は、価格補助改革の一環として導入された。そこでは、イラン政府が一〇〇〇億米ドル相当の燃料補助制度の改革を試み、逆進的な燃料補助金を減らしつつ、すべてのイラン国民への現金給付制度を推進した。改革を率いたのはアフマディーネジャード政権であり、同制度は受給申請を行ったすべての世帯に向けて、普遍的かつ定期的な無条件現金給付を行った（Karshenas & Tabatabai 2023）。給付対象は個人ではなく世帯だったが、それでもなお、この制度は基本所得制度として分類されるのが自然であるようにも思えるかもしれない。

しかしながら、マスード・カーシェナスとハミッド・タバタバイが詳細に解説するように、イラン政府のこの制度にはいくつか重大な欠陥があった。第一に、給付金額は受給者にまともな生活を保障する上で十分ではなかった。給付初年の二〇一一年の金額は、世帯支出平均の割合として、都市部では一三・八％、農村部では二三・六％だった（Karshenas & Tabatabai 2023, pp. 371-372）。また、これから見ていくように、給付金の購買力は年ごとに急速に下がってしまったため、給付金の良い影響がさらに減ってしまった。同期間で現金給付があったにもかかわらず労働供給が減らなかった理由も、これで部分的に説明できるかもしれない。

第二に、同計画の実装はかなりのところまで政治的駆け引きに巻き込まれ、制度の安定性と十全性にほころびが生じてしまった。二〇一三年まで、アフマディーネジャード政権は二〇一〇年補助金改革法の抜け穴を利用し、給付金額の最大化を図った。二〇一〇年の同法では、イラン国内のすべての世帯に向けて月額一七米ドル前後の給付が設定されており、これはイランの最低賃金の五％に相当した。対して、アフマディーネジャード政権は初年に月額四五米ドルを一律給付した（Ibid., p. 367）。さらに、アフマディーネジャードはその後の数年間で現金給付金額を四倍から五倍まで増やす約束をしたとされている（Ibid., p. 368）。その後、野党多数の国会において新たな措置が導入され、受給者の範囲が最も「必要性の高い」世帯に限定された。このため、二〇一六年からは普遍性と無条件性、そして一律性が失われた。

第三に、現金給付による良い経済効果は、消費者価格の過剰な高騰によって相殺されてしまったと言える。改革初年だけでも、価格高騰は商品によって七五％から二〇〇〇％にまで及んだ。その後の一〇年ほどで、現金給付金額の価値は二〇一〇年の購買力のわずか六・七％にまで下がることになったが、これは価格インフレと通貨切り下げが原因だ。現金給付の新制度がイランの消費者価格インフレをどの程度まで引き起こしたのかは、議論の余地がある。いずれにしても、購買力の急速な下落があったため、この現金給付制度がイランの人々に所得基盤を保証できなかったという点は明白だと思われる。

イランの基本所得的な制度は、しばしば天然資源配当の亜種として扱われ、よってそこから一般的な教訓を引き出すのは難しいと言われる。しかし、カーシェナスとタバタバイが指摘するように、この一般見解は見当外れだ。なぜなら、イランの本制度は、追加の石油収益を人々に配ったわけではなく、補助金改革の一環として導入されたからだ（Ibid., pp. 378–379）。実際、イランの事例からはいくつかの一般的な教訓が導かれる。第一に、基本所得が志を果たすためには、政治的安定性が重要な必要条件となる。アフマディーネジャード率いるポピュリスト的な改革加速と、野党率いる議会による基本所得的な要素の事後的な撤廃は、基本所得政策がもつ長期的な野望がいかに政治的不安定によって無化されてしまうかを、そして基本所得的な制度が政治派閥によっていかに容易に操作され変質させられてしまうかを物語っている。そもそも、うまく実装までこぎ着けた基本所得制度の政治的脆弱性については、まだまだ研究が遅れているとも言える。イランの事例研究は、この遅れを是正する必要性を如実に示している。

第二に、本事例からは、基本所得が機能するためのもう一つの重要な条件として、通貨の安定性が確認できる。イランにおいて基本所得が導入された後も労働供給の減少が観察されなかったことからも分かるように、インフレを抑えるための適切な仕組みがない状態では、基本所得は搾取的な労働環境に対して「ノーと言う自由」を労働者に与えてくれない。イランの例では、基本所得的な給付の財源が、石油や天然ガスなどの生活必需品の大幅な消費者価格高騰に支えられていたため、この問題がさらに深刻化した。さらに、イラン政府は二〇一二年に名目の給付金額を七倍から九倍ほど増やす羽目になった（Ibid., p. 377）。ここから、基本所得的な制度を維持するようにという政治的圧力が通貨の不安定性と組み合わさると、政府による過剰支出が生じると言える。

次に、モンゴルにおいて短い間続いた、人間開発基金にもとづく現金給付制度に目を向けたい。国内鉱物資源からの豊かな税収を背景に、モンゴル政府は二〇〇五年に「子ども現金制度」という、該当する家族への条件付き現金給付制度を導入した。二〇〇六年に、モンゴル政府は採鉱収益をさらに追加で回収するための法律を立て続けに可決させ、「モンゴル開発基金」を創設した。二〇〇七年に、子ども現金制度はモンゴル開発基金によって普遍化され、モンゴル全国のすべての子どもが受給資格を得た（UNICEF 2019）。二〇〇九年に、モンゴル開発基金はさらに「人間開発基金」へと更新され拡張された。この新たな基金は、子ども現金制度に代わってモンゴル国民全員へ現金を給付する新制度の財源となる予定だった。しかし、この普遍現金給付制度は、財政的に持続不可能となったため、二〇一二年に中止となり、子ども現金制度が再導入された。

人間開発基金を財源とする給付は、普遍的かつ定期的で無条件だったが、これを基本所得制度と呼ぶにあたっては、いくつか問題となる設計要素があった。第一に、給付金額はイランの制度よりもさらに低かった。モンゴル政府は、二〇一〇年八月から同年一二月までは国民一人当たり月額七・四二米ドルを、そして二〇一一年一月から二〇一二年六月までは国民一人当たり月額一六・五七米ドルを給付した。これは一人当たりGDP平均にすると二〇一〇年では三%、二〇一一年では六%、そして二〇一二年では約四・五%に相当した。二〇一一年の支払い分は所得下位一〇%の支出金額の約七〇%を占めたが、この例外を除けば、給付金はモンゴルの人々によるまともな生活を支える上で十分とは言えなかった。

第二に、イランの事例と同じく、モンゴルの場合でも制度の詳細がかなりのところまで政治的圧力によって決定された。イン・ユングとスティーブン・ホウズが述べるように、「給付金額は、支払い時の収益に基づく現実的な評価ではなく、選挙公約に基づいていた」（Yeung & Howes 2015, p. 16）。

給付制度が議題にのぼった頃、モンゴル人民革命党（現在のモンゴル人民党）と民主党は議会与党の座をめぐって争っていた。どちらの政党も、人間開発基金から得られるよりもはるかに高額な普遍現金給付計画を約束していた（Ibid., pp. 12–13）。二〇〇九年に人間開発基金が設立された頃には、モンゴル政府はすでに持続不可能なほど高額な給付制度を『二〇〇八–二〇一二年モンゴル政府計画』に組み込んでいた。結果として、二〇一〇年八月から二〇一二年六月までの現金給付は、人間開発基金の収益の二倍の金額となった。二〇一二年に制度が廃止された後も、人間開発基金の収益のうちかなりの部分は、基本所得的な制度の実施に必要だった借金の利息支払いと返済に充てられた。

第三に、制度実施中はたしかに貧困と格差が緩和されたが、現金給付は公的負債を大幅に膨らませ、インフレの加速にも加担した可能性がある（Yeung & Howes 2015, p. 20）。モンゴルの現金給付の価値の下落は、イランの事例ほどひどくはなかった。これはおそらく、イランのような価格補助の撤廃に基づく財源と比べて、モンゴルの事例での財源が資源収益により直接的に関わっていたからだ。とはいえ、より信の置ける財源の仕組みがあった本事例においてもなお、基本所得的な制度はモンゴルの人々に安定的な所得基盤を提供できなかった。

これまでの分析が示すとおり、イランとモンゴルの制度は、多くの洞察を与えてはくれるものの、世界銀行の報告のように「純粋な普遍基本所得」として確実に分類されるものではない。むしろ、両制度はいずれも低い金額と短い期間、大きな変動性と不確実性をもっていたため、正確には「実験的な現金給付」と呼ばれるべきだろう。政治的安定性の欠如と堅固かつ十分な財源の不足は、こうした制度を基本所得のコアにある志、すなわち「万人に安定的な所得基盤を提供する」という志にそぐわないものにしてしまっていた。

5 基本所得実験を評価するには

直近の数十年間、世界各国では多くの現金給付実験が行われてきた。医学における実験とは異なり、現金給付実験は研究設計に幅がある一方、研究結果の一般化可能性がかなり限られている。本節では、顕著な例をいくつか考察しつつ、このような実験を計画、実施、分析、そして評価する人たちにとっての方法論的な課題を浮き彫りにしていく。

いわゆる基本所得実験の多くは、ランダム化比較試験（randomised controlled trials／以下「RCT」）として提示される。医学の文脈では、研究バイアスを最小化しつつ医療介入の効果を調べるためにRCTが実施される。典型的なRCTでは、介入グループと比較グループが、異なる介入（例：現金給付あり、現物給付あり、給付なし等）ごとに定義される。実験参加者は対象の母集団から標本され、いずれかのグループへランダムに割り当てられる。また、RCTはしばしば「二重盲検」の形をとり、介入を受ける側も行う側も、誰がどのグループに属しているかを知らないという状態が作られる。介入が完了した後、研究者はデータを収集し、介入の効果を測定し、結果を確率論的に記述する。バイアス削減への期待に駆られつつ、最近ではRCTが社会政策介入の研究にも応用されるようになってきた。二〇〇〇年以降、開発経済学の分野では、RCTの研究発表数が指数関数的に増えている（Banerjee et al. 2020, p. 441）。

研究設計や証拠の質を改善しようという動きは歓迎すべきだが、他方で医学のＲＣＴと基本所得のＲＣＴの間には、場合によっては克服不可能とすら言える重要な相違点がいくつか存在する。一連の相違点はカール・ワイダークイストが列挙しているが、中でも次の三点は特に説得力がある。第一に、医学の場合とは異なり、基本所得ではプラセボやノセボ[*7]を施すことができない。関連して、現金という介入の特性上、少なくとも受け手に関しては盲検化も不可能だ。第二に、現金給付実験では、標本がしばしば正味受益者に限定されるため、正味貢献者も含む母集団全体への効果を測定できない。第三に、現金給付の効果の発現は、受け手が実験の意図を予測し意識してしまうことで行動が変容し実験結果にバイアスが生じるという、俗に言う「ホーソン効果」や「ジョン・ヘンリー効果」に対して脆弱だ（Widerquist 2018）。デイビッド・テイラが指摘するように、医学のＲＣＴでさえも、盲検化はその程度や介入の種類などによって効果がまばらとなる。なぜなら、盲検化があまりにも厳密だと、実験参加者の間で「自分は本当に介入を受けているのだろうか」という疑念が芽生える可能性があるが、かといって盲検化に制限をかけてしまうと、今度はプラセボ効果を検知できなくなってしまうからだ（Teira 2013）。こうした問題は、盲検化がほぼ不可能な現金給付実験においては、さらに顕著となる。

　こうした相違点があるため、医学におけるＲＣＴに比べ、基本所得のＲＣＴはバイアス削減効果がかなり低くなる。基本所得研究におけるＲＣＴもどきの設計と実施を考察すると、この点が明瞭に見て取れる。例えば、日本においては、億万長者の前澤友作が一〇〇〇人の受給者に一人当たり一〇〇万円を給付する「前澤式ベーシックインカム社会実験」へ出資した。実験参加者は、前澤が二〇一九年一二月三一日に投稿した「お年玉」ツイート（図1）をリツイートした人たちの中から標本された。実験では三つの介入グループと一つの比較グループが設定され、二五〇人の参加者が二〇二〇年四月に一〇〇万を一括で受け取り、二五〇人の参加者が二〇二〇年一〇月にやはり一〇〇万円を一括で受け取り、五〇〇人の参加者が一年をとおして合計一〇〇万円を月ごとに一定割合ずつ受け取った。比較グループでは七万八一一七人の人たちが何も受け取らなかった。本プロジェクトのために雇われた研究者たちは、参加者に向けて定期的に状況調査を行い、労働生産性や人間関係、健康状態やチャレンジ精神など一二項目の次元において、現金給付の効果の観察を試みた（前澤 二〇二四）。

宇南山卓が著した研究文書の主張によると、「今回の社会実験の最大の特徴は、当選者がランダムに決定している［原文ママ］ことである。その意味では、ランダム化対照実験（RCT）とみなせ、原理的には当選者と非当選者の単純な比較によって当選金の影響が把握できる」（宇南山 二〇二〇）。

＊7　プラセボやノセボ：介入の有無や効果について、被験者の認識が介入の効果に与える影響や、そうした影響の引き金となる要素のこと。プラセボ効果とは、適切な介入がなかったにもかかわらず、あたかも適切な介入があったかのような効果が出ることを指す。例えば、医薬品の代わりに砂糖水を処方し、「この砂糖水には胃もたれを軽減する効果があります」と患者に告げ、患者がそれを信じて砂糖水を飲んだ結果、胃もたれがわずかに軽減されるといった現象が考えられる。ノセボ効果とは、適切な介入があったにもかかわらず、被験者が介入に対して否定的なイメージをもっているために、本来の効果が出なくなることを指す。例えば、アレルギー症状に対して抗ヒスタミン薬を処方された患者が、「抗ヒスタミン薬はアレルギー症状に効かない」と強く思い込んだ結果、本来の効果が出ずにアレルギー症状が継続するといった現象が考えられる。プラセボもノセボも、その詳しいメカニズムは未解明な部分がある。

この文書の英語訳では、「当選金の影響」は「the causal effects of the monetary giveaway」すなわち「因果関係」と表現されている（Unayama 2020）。しかしながら、宇南山の実験設計から因果関係が導けるかどうかについては疑問が残る。例えば、ルッソとウィリアムソンの見解では、優れた設計のRCTでさえも、確率論的な証拠しか与えてくれないため、因果関係をそれだけで確立することはできない（Russo & Williamson 2007）。また、リツイートに基づく標本は、ランダム化の手法としてはかなり限定的だ。なぜなら、仮に何らかの影響が観察されたとしても、それは前澤のTwitter界隈にしか一般化されえないからだ。この限定性を和らげる策として、宇南山は「実際の分析上は、当選者・非当選者の比較だけでなく、公的統計との比較を通じて一般国民とも比較をする。また、……当選者・非当選者のデータをさまざまな個人属性を用いてウエイト付けすることで補正する」としている（宇南山 二〇二〇）。しかし、そのような補正が果たしてどこまでバイアス削減に役立つかは明白ではない。実際、この「補正」手続きの詳細（比較分析やウエイト付けの手法など）は、二〇二四年三月の時点では実験ウェブサイトに記載されていない。さらに、宇南山は「Twitterは、すでに一般的になったSNSツールであり、リツイートにはコストはかからないことから、幅広く「日本人」を代表する可能性はある」とも主張している。しかし、データを参照すると、二〇一九年の時点では日本の全人口の三八・七％しかTwitterを使用していない（Statista 2024）。また、そもそも前澤実験の標本が日本のTwitterユーザー全員を代表しているかのように書くのは誤解を招きかねない。なぜなら、標本は前澤のTwitter界隈に限定されていたからだ。こうした問題は、宇南山の楽観的な展望にさらなる疑問を呈している。

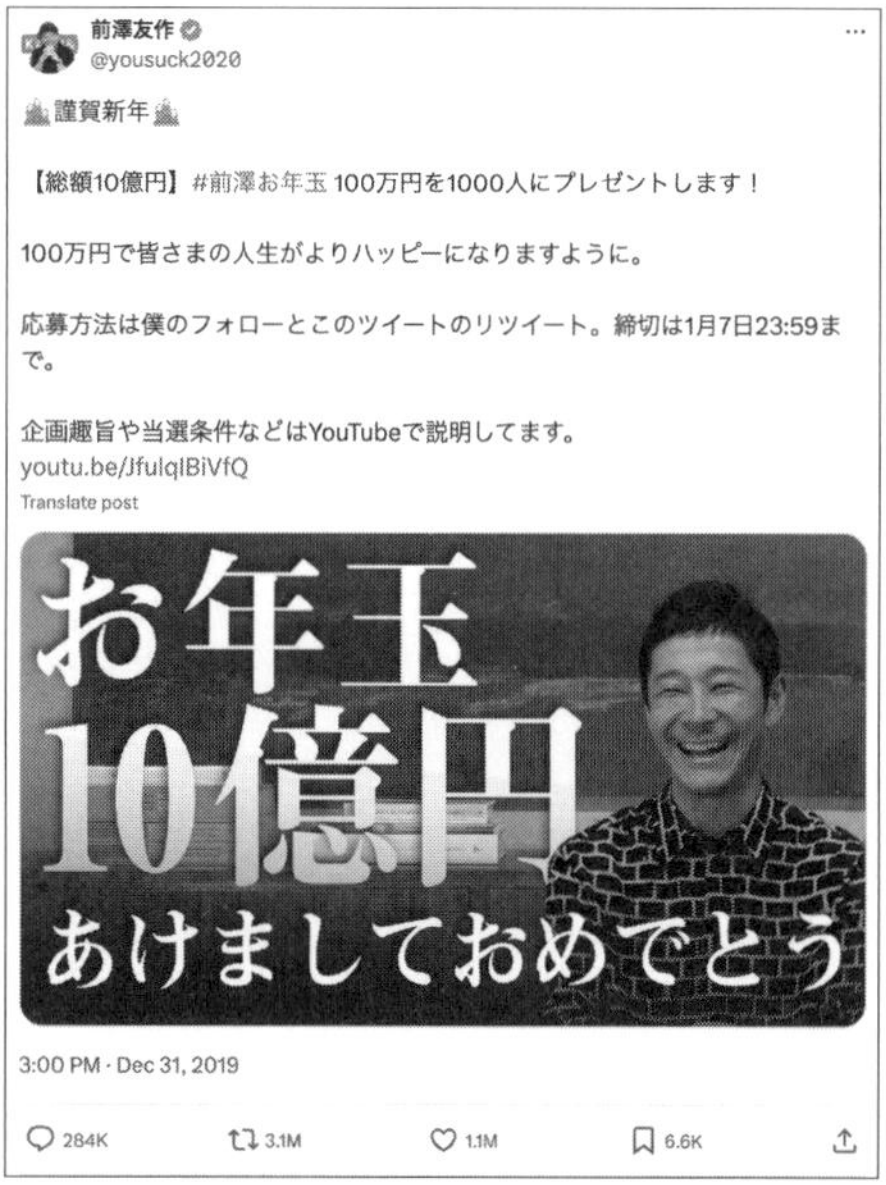

図１　前澤友作の「お年玉」ツイート。一人当たり100万円の給付企画の参加者を募っており、これは後に基本所得実験という体裁をとっている

出典：https://twitter.com/yousuck2020/status/1212025675055452160. 2024年3月14日にアクセス

真正のＲＣＴであると自己主張することで、バイアスの削減や調査結果の一般化可能性を誇張した実験の例として、前澤実験は比較的分かりやすいと言える。高所得国において実施された他の試験や実験では、よりニュアンスに富んだ自己評価が行われる傾向がある。とはいえ、スペインのB-MINCOME（Riutort et al. 2023）、アイルランドのBasic Income for the Arts（Feldkircher et al. 2023）、アメリカのStockton Economic Empowerment Demonstration（Baker et al. 2021）、そしてフィンランドの実験（Kangas et al. 2021）などにおいても、基本所得ＲＣＴにおける先述のバイアス源が十分に考慮され緩和されているとは言えない。

それに比べると、低中所得国における基本所得ＲＣＴは、設計や実施、そして報告の各段階において、総じて格段に洗練されていると言える。高所得国におけるそれに比べ、介入グループや比較グループの構成員は基本所得政策の対象となる共同体全体から標本されることが多い。また、共同体内で介入を受ける人たちの割合もより大きいこと（村全体など）が多く、共同体レベルでの効果の測定や、共同体内の非受給者への波及効果を観察することも可能になっている。状況調査や追跡研究も、より詳細に富んで包括的である場合が多い。ホーソン効果やジョン・ヘンリー効果、正味受益者への標本の集中、そしてプラセボやノセボ、盲検化の欠如などのバイアス源は残るものの、諸々の設計上の特徴を加味すると、低中所得国でのＲＣＴもどきはより質の高い証拠の源泉となる可能性がある。

特に、インドのマディヤ・プラデーシュ州で自営業女性連合（Self Employed Women's Association／以下「ＳＥＷＡ」）が行った試験と、ケニアのラリエダにおいて非営利団体 GiveDirectly が行った実地研究は、設計が特段洗練されており、詳細な考察に値する。

二〇一一年六月から二〇一二年一一月まで、インドのマディヤ・プラデーシュ州の村民たちは、ＳＥＷＡによる基本所得試験に参加した。インドの多次元貧困指標によると、二〇一五年から二〇一六年にかけて、マディヤ・プラデーシュ州はインド国内で四番目に貧困率が高かった（United Nations Development Programme 2023）。実際、試験の実施時期において、マディヤ・プラデーシュ州内の家族の三〇％以上は、一人当たり月額三二七ルピー（ＩＮＲ）[*8] という貧困線以下の暮らしをしており、五〇％以上は「脆弱」と分類された（Davala et al. 2015, p. 34）。設計の観点からは、ＳＥＷＡの試験は介入の単位が個人ではなく村だったため「クラスターＲＣＴ」として分類できる。ＳＥＷＡは規模（約一〇〇世帯規模）や特徴（県都インドールからほぼ同距離）が似ている村を五〇カ所特定し、母集団とした。そこから二〇カ所の村が標本された。標本のうち、八村が介入を受け、残りの一二村は比較グループとして機能した。介入グループの村では、全世帯の九八％が、成人一人当たり月額二〇〇ルピー、未成年一人当たり月額一〇〇ルピーの基本所得を受給した。これは二〇一一年六月から二〇一二年五月までの金額だったが、その後五〇％の増額があった後、給付は二〇一二年一一月まで続けられた。一連の現金給付の影響を評価するために、合計で四回の状況調査が行われた――ベースライン調査、中間評価調査、最終評価調査、そしてポスト最終評価調査だ。ベースライン調査と最終評価調査は特に詳細に富んでおり、「生活環境、健康、医療、栄養、教育、消費、生産、資産、そして公的制度へのアクセスとその利用」などの項目を含んでいた（Ibid., p. 41）。

サラット・ダヴァラらも自覚しているように、ここで用いられたＲＣＴには、プラセボ投与ができないことや、試験参加者の行動バイアスの可能性など、医学のＲＣＴに比べ重要な制限がいくつかあった。この限られた範囲でなるべく高い独立性を達成するために、ＳＥＷＡは試験の設計や評価を「第三者経済学者」に委託し、情報の収集にはインドールの大学関係者を雇った（Davala et al. 2015, p. 35）。総じて、本試験の設計記録を見る限り、試験実行者たちは基本所得のＲＣＴが医学のＲＣＴ

＊8　ルピー（ＩＮＲ）：世界銀行の二〇二四年一〇月現在の最新データによると、二〇一一年六月の個人消費の対米ドル購買力平価（ＰＰＰ）の換算レートは、一米ドルＰＰＰ＝約一五・二八ルピーだった。購買力平価については、先述の註を参照。ここでの貧困線は、約二一・四米ドルＰＰＰとなる。

と同じようには機能しないということをかなりしっかりと自覚できていた。また、本試験の結果報告は、二〇二四年三月の時点で存在する基本所得の実証研究の中でも圧倒的にニュアンスと包括性に秀でていた。

第二の特筆すべき研究として、二〇一一年から二〇一三年にかけて非営利団体GiveDirectlyがケニアのラリエダ地区の貧困世帯を対象に行ったものが挙げられる。そこでは、研究チームは貧困世帯を特定する上で「茅葺き屋根」の有無を観察した（Haushofer & Shapiro 2016, p. 1978）。この基準に則り、ラリエダでは平均人口一〇〇人ほどの村が一二〇カ所選ばれた。そのうち、六〇村がランダムに介入グループへ割り振られた。しかし、村当たりの世帯のうち平均一九％しかベースライン調査に参加せず、受給世帯の割合は村全体の平均九％にしか及ばなかった。これは六〇村において合計五〇三人の受給者に相当した。基本所得の金額は二万五二〇〇ケニア・シリング（ＫＥＳ／以下「シリング」）[*9]であり、携帯送金アプリM-Pesaを通して支払われた。二五八世帯がこの金額を月ごとに分割で受給し、二四八世帯が一括で受給した。また、二〇一二年一月には、介入グループ参加者のうち一七三世帯がランダムで選ばれ、二〇一二年二月までの間に世帯当たり七万シリングを、月額一万シリングの分割払いで追加受給した。この追加給付の目的は、金額の大小が与える影響を調べることだった（1981）。さらに、村内での非受給者への基本所得の波及効果を調査するために、追加で五〇五世帯の貧困世帯が「波及世帯」として特定された（Ibid., p. 1983）。報告に関しては、二つの状況調査が行われた——給付開始前のベースライン調査と、給付完了後のエンドライン調査だ。収集された情報には、世帯単位では「資産、消費、所得、食料安全保障、健康、そして教育」が含まれ、個人単位では「心の幸福、世帯内の交渉力および家庭内暴力、そして経済的選好」が含まれた（Ibid., p. 1986）。また、「五歳以下の子どもの身長、体重、そして上腕の太さ」が計測され、コルチゾールの量を計るために参加者全員の唾液サンプルが収集された。さらに、研究チームは「価格や賃金、そして犯罪などに関する村単位での情報」も収集した。

ヨハネス・ハウズホッファーとジェレミー・シャピロによるGiveDirectly計画の研究設計文書（Haushofer & Shapiro 2016）は、ＳＥＷＡの試験の文書に比べて、バイアス源への配慮が劣っていた。例えば、村全体ではなく村当たり平均九％の世帯にしか現金を給付しなかったことで生じうる行動バイアスにも言及がなかった。現金給付研究のＲＣＴがもつ他の多くの制限要素に関しても、ハウズホッファーとシャピロは見解を明らかにしていない。特筆すべき点として、ＳＥＷＡの試験では銀行送金と現金の手渡しの両方が支払い手段として認められていたのに対して、GiveDirectly計画は単一の電子送金システムM-Peraに支払いを任せきっていた。これによって、介入グループの参加者はM-Peraの使用に抵抗がない世帯に限定され、現金やその他の送金手段を好む世帯が排除されてしまったため、選択バイアスがかかった恐れがある。とはいえ、こうした制限事項を加味してもなお、GiveDirectly計画には仔細なランダム化の手続きが含まれ、またこの実験に固有のバイアス源に関し

＊9　ケニア・シリング（ＫＥＳ）：世界銀行の二〇二四年一〇月現在の最新データによると、二〇一二年の個人消費の対米ドル購買力平価（ＰＰＰ）は、一米ドル＝約三六・五六シリングだった。購買力平価については、先述の註を参照。基本所得の金額は二万五二〇〇シリング＝約六八九米ドルＰＰＰ、そして後述するより高額な基本所得の金額は七万シリング＝約一九一五米ドルＰＰＰだった。

ても丁寧な考察がなされた。よって、高所得国における類似の実験に比べ、GiveDirectly計画はかなり洗練された研究だった。

この二つの研究は、貧者に対して基本所得ＲＣＴを実施することの倫理に関する、重要で繊細、そして複雑な問いを鋭く浮き彫りにしている。知識論的な問題に比べ、ＲＣＴの倫理的な次元は、医学方法論にとって不可欠な一部であり続けてきたにもかかわらず、開発経済学では模倣が遅れている。特に、基本所得の研究者が均衡（equipoise）の承認に失敗するとき、この問題は一段と顕著になる。

「均衡」とは、医学の文脈では「試験内の各群の比較的治療効果が不確かであると、治験担当者が誠実に認識している状態」として定義される（Freedman 1987）。政策研究ではこれに対応する概念として「社会的均衡」があり、これは「試験対象となる各選択肢の比較的な効果について、共通了解が」ない状態において、「効力の不確実性を公然と認めること」だと定義される（Petticrew et al. 2013）。ミシェル・アブラモヴィッチとアリアン・サファースが指摘したように、医学では、世界医師会の一九六四年ヘルシンキ宣言において、医学ＲＣＴの比較グループが「既存の最善の介入」を受けるよう明示的かつ絶対的な義務が確立されている（Abramowicz & Szafarz 2020, p. 280）。つまり、計画段階のＲＣＴにおいて、ある特定の選択肢が事前に（ex ante）より効果的な場合、そのようなＲＣＴはヘルシンキ宣言に違反してしまうため、実施ができない。原理そのものはわりと簡潔明瞭だが、アブラモヴィッチとサファースが詳細に論証しているとおり、実践の場でこの原理を応用する場合には多くの難題が存在する。担当者はしばしば、ＲＣＴを実施した場合に得られる知的利益を、事前により優れていると主張されている介入の継続や拒否から生じうる利益や損害と天秤にかける必要があるからだ（Ibid., p. 283）。

医学におけるこうした議論に比べると、開発経済学においては倫理的な考察がひどく遅れており、現状維持よりも明らかに優ると思われる介入がＲＣＴによって「検証」されている。基本所得の試験や実験においても、こうした事例は多い。ＳＥＷＡとGiveDirectlyの試験の場合、検証された選択肢は「追加の所得あり」と「追加の所得なし」だった。試験参加者が世界的にも最も金銭的に貧しい人たちだったことを考慮に入れると、追加の所得ありの方が追加の所得なしよりも明らかに優ると思われるため、社会的均衡の確立は難しいと言える。これに対しては、現状維持よりも一部の人たちに追加の所得を与える方がパレート改善[*10]されるため、それは倫理的にも許可されるという反論が想定できる。しかし、そのような反論が医学実験においては許容されないということは、タスキギー梅毒実験のような事例が明瞭に示すとおりだ（Ibid., p. 289）。

他方で、基本所得の研究者や推進派の中には、社会的均衡を認めることが倫理的に正しいと思われる場面において、これを実践できなかった人たちもたくさんいる。例えば、カール・ワイダークイストは基本所得で「検証を必要としない」効果を五つも挙げており（Widerquist 2018, p. 105）、こうした次元では条件付き福祉よりも基本所得の方が事前に好ましいと示唆している。しかし、ワイダークイストが挙げた項目は、いずれも不確実性をもち、実証的に検証される必要がある。一例として、「普遍基本所得を貧困線以上に設定した場合、貧困は必然的に撲滅される」という「貧困説」（Ibid.,

＊10　パレート改善　ある集団において資源の配分を行う際に、他の人たちの効用を下げずに誰かの効用を上げること。パレート改善を行う余地が残っていない状態を「パレート最適」と呼ぶ。

p. 106）がある。ウェルズの「一日一ドル」の世界基本所得計画の文脈ですでに指摘したように、たとえ貧困線以上の名目基本所得を実装したとしても、極度の貧困さえ必ずしも自動的には撲滅されない。社会的均衡を却下する上でよく使われるもう一つの例として、基本所得は「ノーと言う権能」を与えることで、雇用者の交渉力を必然的に上げるという主張が挙げられる（Widerquist 2013）。この主張の延長線上で、元ギリシャ財務大臣のヤニス・バルファキスは、基本所得は「それ単独で」ギグワーカーの搾取を「不可能に」すると主張した（Varoufakis 2020, p. 54）。ここでもまた、財源メカニズムや社会の労働文化全体に対する広範なフィードバック・ループを考慮に入れると、基本所得が従来の条件付き失業手当制度よりも事前に優るとはとても言い切れない。こうした文脈では、基本所得と条件付き福祉を比較するために綿密な実証研究を実施することは、倫理的に許されるだけでなく、知的にも有益だと思われる。

本節を結ぶにあたって、医学において広く用いられているもう一つの方法、すなわち体系的レビューについて、手短に付言しておきたい。体系的レビューとは、ある介入とその効果に関して、関連性のある研究をすべて俯瞰し調査する文献レビューを指す。効果ごとに証拠の不足箇所が特定され、証拠の質に等級（grade）がつけられる。RCTと同じく、体系的レビューもまた近年の政策研究では広く実施されてきている。特筆すべきはWhat Works Networkの取り組みであり、同団体は二〇一三年から二〇一八年の間で二八八件の証拠レビューを行い、このうち四八件は体系的レビューだった（What Works Network 2018, p. 11）。また、医学の体系的レビューという方法を経済政策研究に応用することの正当性をさらに補強するかのように、近年では基本所得的な給付を含む現金給付が、公衆衛生介入の一形態として擁護され、コクラン・ライブラリー（Cochrane Library）からは二〇一七年に無条件現金給付を対象とした体系的レビューが発表されてもいる（Pega et al. 2017）。同様に、キャンベル共同計画（Cambell Collaboration）からも、基本所得が高所得国における貧困の削減にもたらしうる効果に関する体系的レビューの手続き文書が発表されている（Rizvi et al. 2022）。最近のこうした動向からは、医学の体系的レビューは基本所得に関する証拠を総合するための適切なモデルになりえると研究者たちが考えている様子が示唆される。

こうした流れに対して、エイドリアン・イーと早川健治は基本所得の研究への医学の体系的レビューの応用を網羅的に批判した（Yee & Hayakawa 2023）。イーと早川は、世界で最も広く使われている医学の体系的レビューの方法であるという理由から、ＧＲＡＤＥ（Grading of Recommendations, Assessment, Development, and Evaluations）に焦点を絞った。最近、無条件現金給付を含む公衆衛生介入の研究にＧＲＡＤＥを応用する上での課題を特定するために、ＧＲＡＤＥ作業部会はＧＲＡＤＥ公衆衛生プロジェクト部会（Public Health Project Group／以下「ＰＨＰＧ」）を招集した。イーと早川の考察では、ＰＨＰＧによる課題の列挙が不十分であることが示され、基本所得の研究にＧＲＡＤＥを応用する道があると示唆するＰＨＰＧの楽観性に疑問が呈された。深刻な課題の多くは、現金という介入の汎用性、すなわち実に多様なステークホルダーや優先事項、そして因果的経路に関わってしまうという現金の特徴に起因している。この汎用性ゆえに、研究結果もまた各実験ごとに固有のものとなってしまう。そのようにして生み出された証拠は、レビュー執筆者にとっては適切にまとめるのが実に難しく、他の社会経済的な文脈や政策にも拡張できるような総合も困難となる。

レビューの執筆者や読者には、こうした限界を念頭に置いた上で、体系的レビューの妥当性を評価することをお勧めしたい。

6 おわりに――この奇妙な政策のゆくえ

基本所得研究では画一的な結論は導けない――本章から何か一つの大きな教訓を引き出すとするならば、この点になるだろう。各節で検討した事例が示すように、基本所得の典型理念定義は、それが現実世界での政策の文脈に置かれた途端に崩壊する。また、個々の文脈ごとに様々な知識論的、倫理的、そして政治的課題が発生するため、政策立案者が実証研究から何か一般化可能な結論を導くこともかなり難しい。

基本所得は、多大な資源を要する政策だ。他の条件付き介入や限定対象的な介入ではなく、あえて基本所得に資源を投入する必要があるのはなぜなのか。この点を政策立案者に向けて示す証明責任は、今のところ基本所得推進派の側にある。実際に、現時点で最も包括的な公的研究を完了させた後、BC基本所得パネルは「万人に向けての基本所得を柱として造られた制度への移行は、我々が考慮しうる最も正義的な政策変革ではない」という結論に至った（Green et al. 2020, p. 392）。高所得国における世論に関するラーネンの分析が示したとおり、政策内容の詳細設定が何であれ、すべての社会層において、人々は基本所得よりも条件付き福祉を広く支持している。また、価格や労働供給、所得などに対するフィードバック効果を考慮した動学的モデルによる分析も、前提条件やモデル調整の手法、そしてデータ群によって異なる結果を導いている（Daruish & Fernández 2024; Conesa et al. 2023; Luduvice 2021、井上&小野 二〇二一）。そして、基本所得の受給者による非受給者の搾取という倫理的問題は、まだまだ議論が不足している。

低中所得国の文脈では、バナジーとデュフロを始めとする人たちが示したように、「ただお金を配る」のは、多次元貧困対策における資源の使い方として、往々にして最善でない。バナジーとデュフロは、低中所得国における詳細な実地研究を背景に、貧者が市場において不利に立たされる原因を五つ導いた（Banerjee & Duflo 2011, pp. 268–272）。

（1）必須の情報や意思決定の手法が欠乏している。
（2）飲み水や滋養のある食べ物、長期的な貯蓄などの必需品の調達責任が過剰に個人に課されている。
（3）保険業などの一部の部門では、そもそも市場が存在しないこともあり、存在した場合でも貧者が食い物にされている。
（4）「無知、イデオロギー、そして惰性」に駆動されつつ善意で行われる意思決定が、統治やガバナンスの失敗を引き起こしている。
（5）貧者に対する否定的な偏見が、しばしば予言の自己成就を招いている。

一方で、バナジーとデュフロが示すとおり、教育など一部の分野においては、成果の改善にあたって無条件現金給付が補助的な役割を担う場合もある（Ibid., p. 82）。他方で、微量栄養素（ヨウ素や鉄分等）の欠乏、医薬品（抗生物質等）の過剰処方、そして事業融資に対する暴利など、貧者が直面する喫緊の課題の多くは、所得以外の要素を主要因としている。こうした問題は、むしろ潜在能力（capabilities）の欠乏として捉える方が優り（Sen 1999）、そのような理解は多次元貧困指標にも反映されている。

第1節で述べたように、基本所得のコアにある志は高尚だ。しかし、まさに善良かつ純粋な意図に基づいているからこそ、研究者や推進派はバイアスに対して警戒を強めるべきであり、基本所得をめぐる言説を批判的に評価する必要がある。本章はその作業へのささやかな貢献だ。基本所得政策の実現可能性や有効性を研究・評価するにあたって、既存の方法の問題点や限界をしっかりと吟味すれば、創造性豊かな研究方法を編み出すことも可能になるかもしれない。

＊　＊　＊

【読書ガイド】

・フィリップ・ヴァン・パリース、ヤニック・ヴァンデルボルト『ベーシック・インカム――自由な社会と健全な経済のためのラディカルな提案』竹中平蔵監訳／永盛鷹司訳、クロスメディア・パブリッシング、二〇二二年〔解題〕基本所得研究では、日本語圏にも英語圏にも、十分に精密で包括的な書籍はほとんど存在しない。また、基本所得研究は近年めまぐるしく発展しているため、刊行物の有効期限もどんどん短くなってきている。そのような中で、ヴァン・パレイスとヴァンデルボルトによる本書は、原著刊行が二〇一七年であり、和訳書籍は原著第八章を除く抄訳版だが、それでもなお、国際的に最も優れた入門書の一つだと言える。翻訳も優れている。

・ダイアン・コイル『GDP――〈小さくて大きな数字〉の歴史』高橋璃子訳、みすず書房、二〇一五年〔解題〕本章でも論じたように、基本所得の金額や財源などを確定するためには、一国の富を計測する適切な方法が不可欠だ。コイルが一般向けに書いた本書では、国内総生産（GDP）の計算方法をめぐる歴史や課題がていねいに解説されている。翻訳も優れている。

・アマルティア・セン『自由と経済開発』石塚雅彦訳、日本経済新聞社、二〇〇〇年〔解題〕一般向けに書かれた本作で、センは本章でも言及した「多次元貧困」の考え方の土台となっている「潜在能力アプローチ」を包括的に説明した。古典的な一冊であるため、貧困研究や開発経済学に興味がある方に広くお薦めする。和訳の正確性や読みやすさにやや難があるため、原著『Development as Freedom』と突き合わせて読まれるとよいだろう。

第3章 社会保障制度で世代間格差を乗り越える

1 ケインズに見えなかった問題

「だからこれらの論説の著者は、これだけ不吉な予言をしておきながらアレだが、「経済問題」が本来あるべき後部座席に追いやられ、心と頭のアリーナは、人間の本当の問題に占められるというか、占めなおされるようになる日はそんなに遠くないのだと、期待もするし信じてもいる。その問題とは、人生の問題と人間関係の問題、創造と行動と宗教の問題だ。そして偶然ながら、この場合にはこれを信じるとうまくいきそうなちょっとした理由が、経済分析からも引き出せるのだ。というのも、人が一貫して楽観的な仮説に基づいて行動すれば、その仮説は実現されがちとなるからだ。一方、悲観的な仮説に基づいて行動すると、人類は永遠に不足の落とし穴から抜け出せない羽目になりかねない。」

J・M・ケインズ「説得論集」山形浩生訳（二〇一二）

格差が広がって、地球の資源を使い果たす現在の資本主義体制やそれらに付随する福祉国家には未来がないという声もよく聞く。これらの議論は長らく、マルクス派経済学者によってなされてきて、時として、ピョートル・クロポトキンに代表される無政府主義の議論ともなってきた。確かに、資本主義体制のオルタナティブが提案されない限り、現在の体制はずっと続き、貧困、不十分な教育、医療体制、そして孤立も世代間格差も縮小はしないだろう。近年の、「主流派」経済学者でも、資本主義とそのオルタナティブにまつわる議論が盛んになっているように感じる。NHKで特集が組まれた「欲望の資本主義」シリーズを見て関心をもち始めた読者もいるかもしれない。[*1] 一握りの富裕層によって社会の富が占められている先進諸国と日本では格差の潮流は異なっているものの、日本がかつてのような一億総中流社会だという安心を持っている人は少ないだろう。日本の人口が減少している現在、いまの生活の何かを変えないと、今の生活も維持できなければ、その次の将来もない。社会保障制度というセーフティネットがあるにもかかわらず、人々は不安を抱えたまま生き続けることとなる。国民の「安心」や生活の「安定」を支えるセーフティネットこそが社会保障だったのに、今やその社会保障が将来世代に牙をむいているようにさえ感じたりしないだろうか。「我が亡き後に洪水よ、来たれ」として、私たちが感知することもできないのであれば、また、社会変革が起きて現存の

＊1　番組内でインタビューを受けている元ギリシャ財務大臣のヤニス・バルファキス『父が娘に語る美しく、深く、壮大で、とんでもなく分かりやすい経済の話。』ダイヤモンド社（二〇一九）を読んだ読者もいるだろう。本書第2章の執筆者である早川健治氏が翻訳した『世界牛魔人――グローバル・ミノタウロス：米国、欧州、そして世界経済のゆくえ』那須里山舎もお勧めしたい。

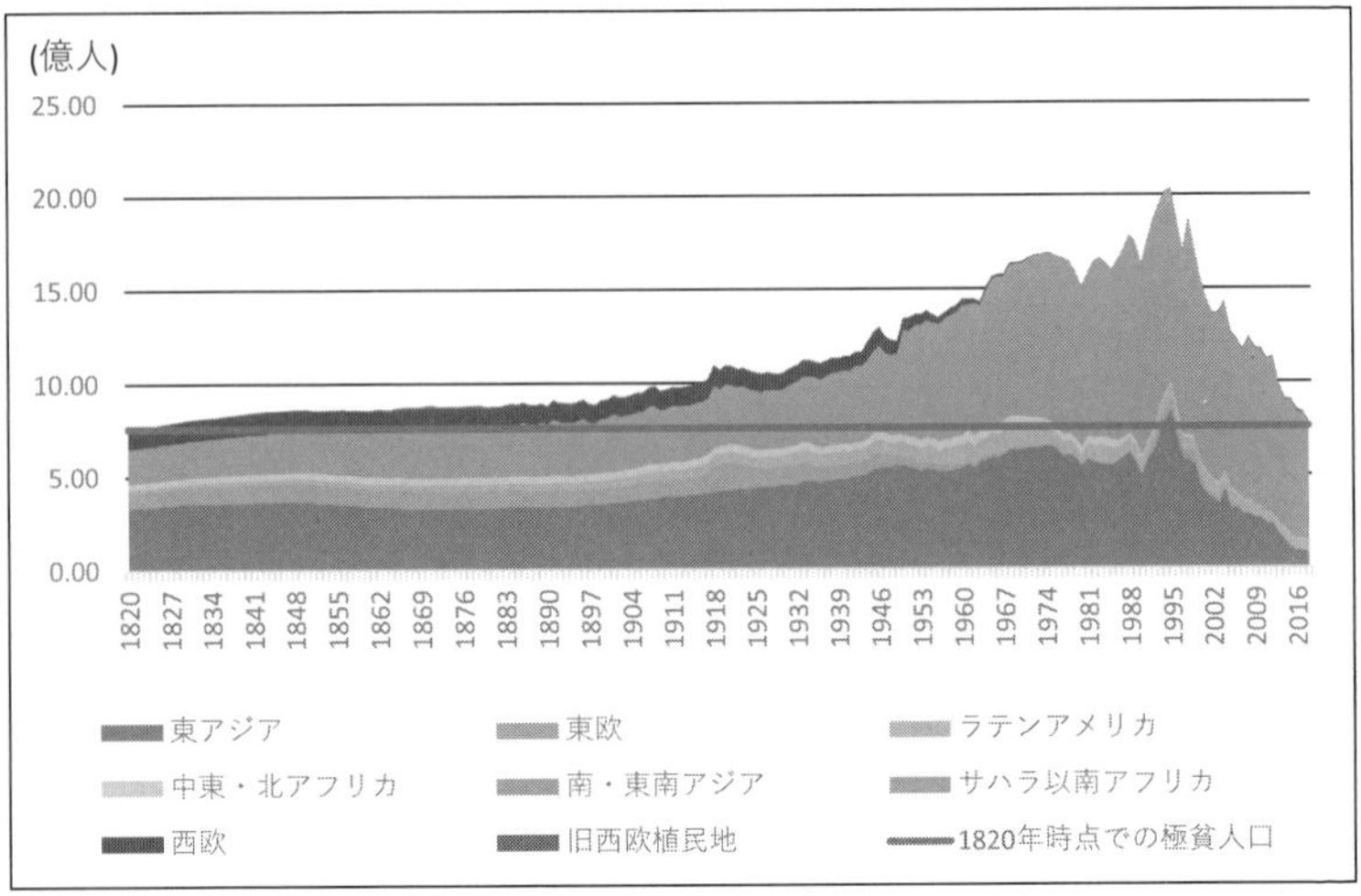

極貧人口および対世界人口比率の推移（1820～2018）

1820 年	1870 年	1920 年	1970 年	1995 年	2018 年
7.6 億人 75.8%	8.8 億人 71.5%	11.0 億人 59.4%	16.4 億人 44.4%	20.4 億人 35.8%	7.8 億人 10.3%

図表１　極貧人口の表
（OECD Trends Shaping Education 2022）

社会保障制度が終われば若い世代も困るだろうと思っていれば、高齢者世代にとって社会保障制度を改革することはどうでもいいだろう。

　経済学者ジョン・メイナード・ケインズは、約一〇〇年前の一九三〇年代に、技術進歩や資本ストックにより、生活水準が大幅に上昇し、不足と貧困の問題、階級や国々の間の経済闘争などのいわゆる「経済問題」は transitory and an unnecessary muddle――すなわち、一過性の不必要な泥沼であって、人生や人間関係、創造と行動と宗教の問題――人間の本当の問題で頭も心もいっぱいになる、そんな日は遠くないと述べた。

上で紹介した「説得論集」の他、ケインズが「我が孫たちの経済的可能性」で述べているような「日々のパンのために苦労する」生活水準を多くは既に脱している。一九二〇年に世界の五九・四％（人口にして一一・〇億人）が絶対的貧困（extreme poverty）であったのに対して、二〇一八年にはこれが一〇・三％（人口にして七・八億人）まで低下した（図表1）。しかし、技術進歩や資本ストックの恩恵によって生活水準が上昇し、経済問題にいつも追われている時代はとうに終わっているはずの現在でも、不足と貧困、階級や国々の間の経済闘争は続いている。確かに、約一〇〇年の間に不足や貧困の問題が随分と解決している反面、貧困に喘ぐ絶対数は約二〇〇年変わっていないとも言えるからだ。

先述の「我が孫たちの経済的可能性」で、経済問題は一〇〇年以内に解決するといわれていたじゃないかと誹りを受けそうだが、ただし、大きな戦争や人口の極端な増加がなければ、と書かれている。実際には、大きな戦争も起きたし、ケインズの生きた一九二〇年に約二〇億人だった人口は現在約八〇億人まで増加している。そのために、人口変動や移動を伴う地球環境問題、資源エネルギー問題、経済問題が世代をもまたいだ喫緊の問題としてあがってきた。一方で、D・ベネターによる『生まれてこないほうが良かった――存在してしまうことの害悪』（二〇一七年）で知った人も多いであろう反出生主義（anti-natalism）がこの一〇年着目されている。問題が残る世界で子をもつことへの葛藤も受け入れられているように見受ける。

これら、人口にまつわり生じる問題が世代間の問題として注目された始まりは、環境問題が切迫したものと認識され始めた一九六〇～七〇年代だろう。先進国では戦後復興を背景にした経済発展のために大気汚染・水質汚濁などの問題に直面し環境対策が叫ばれるのに対して、開発途上国では人口増加に伴う問題から開発や経済発展が求められていた。

同じく環境分野であれば、原子力発電所を用いてのエネルギー調達の必要と一度事故が起きた場合の次世代・将来世代に放射性物質による被害懸念は、近年最も大きな注目を浴びた世代間利害対立の問題だろう。

一九九三年に制定された我が国の環境基本法の第一条を見てみよう。「……環境の保全に関する施策の基本となる事項を定めることにより、環境の保全に関する施策を総合的かつ計画的に推進し、もって現在及び将来の国民の健康で文化的な生活の確保に寄与するとともに人類の福祉に貢献することを目的とする」として、現世代の利益と不利益、将来世代の利益と不利益の衝突である世代間利害対立を乗り越え、現在世代と将来世代の基本的な権利を確保せよ——ということである。

その他の経済問題はどうだろうか。特に、社会システムを支える社会保障に目を向けてみよう。人々が負担する税や社会保険料を財源とし、年金、医療、福祉その他の分野（介護や生活保護など）で社会保障が提供されている。どれだけ給付されているかを見た社会保障給付費は、二〇〇〇年度に約七八兆円だったが、二〇二四年では一三七・八兆円（予算ベース）に達しており、年金が約六〇兆円、医療が約四〇兆円、福祉その他が約三〇兆円という内訳である。二〇二五年には、一九四七–四九年の第一次ベビーブームに生まれた「団塊の世代」が七五歳以上の後期高齢者になる。「令和6年版高齢社会白書」では、日本の総人口が減少すると同時に六五歳以上の者の割合（高齢化率）は増加するので、二〇七〇年には高齢化率が三八・七％まで上昇すると推計している。これらの人口推計を見ても、今後の更なる高齢化に伴って、社会保障給付費の増加が見込まれる。また、現役世代の負担で老齢世代の給付を支える賦課方式を採用している公的年金制度も、それ以外の社会保障制度（医療、福祉、その他のうちの介護）も高齢期での支出が多いことを考えても、世代間格差が引き起こされている、といえる。そして、安定な財源が十分に確保できていない現状では、財政赤字によって負担を将来に先送りしているといわれても過言ではない。

このような世代間格差が現況の確定要素によってのみ規定されているわけではなく、我々の日々の選択も影響を与えている。

なぜなら、インフラ建設に関する公共事業や教育への財政支出が減り、高齢者福祉に関する支出が増えている（寺井ほか 二〇二三）ことが明らかになっているためである。環境問題や財政赤字など、社会の持続可能性問題について、どうしても我々は自分たちの利得を優先してしまっていると言われても致し方ないかもしれない。とりわけ、現在の社会保障制度は、将来世代の利益を反映し、世代間利害対立を乗り越えた意思決定を反映した仕組みとはなっていない。それは、人口などの社会背景が変わらない、もしくは何とかなるという暗黙知に基づいて展開された議論だったためである。状況が変わった現在、世代間の利害対立を超えた社会保障制度を考えていく、そのために、この社会保障制度の本質は何かを考察せねばならない。本質を捉えたとき、社会保障制度が提供すべきものは何であるか、それをどのように提供すべきか、これを分配的正義の問題と言うが、そして、我々はどのようにしてその状況を達成していくかを考えることが可能となる。したがって、第2節では、社会保障の本質をとらえる。第3節では、世代間正義にまつわる経済学分野を中心とした実証研究について触れ、第4節ではまとめを行う。

2 社会保障の本質

現行社会保障制度の財政は、積立方式と賦課方式の二つによる。積立方式は将来の自分のために積み立てするのに対し、基本的に賦課方式は困っている人を困っていない人が助けるというものである。困る＝稼得能力の不足についての切り口は年齢・身体能力・家族状況などによるが、公的年金を例にあげれば、仕事を引退した高齢者に給付される年金をその時点の現役世代が負担した財源で賄っている。公的年金の運営について議論が上がるのは、困っている――高齢者が少子高齢化のために多くなっているからである。しかし、少子も高齢化も我々の選択と日本の経済発展の帰結に他ならない。本節では日本の社会保障制度の本質を考えるために、制度の歴史的経緯を見てみよう。

図1は、有史からの日本の人口推移をみたものである。出生・死亡・人口移動の要素からなる人口動態は多産多死から多産少死を経て、やがて少産少死に至る。日本の場合、明治維新以前は多産多死、出生率と死亡率の急激な低下がひと段落する一九六〇年前後までを多産少死、その後を少産少死と区分している（平成17年版 労働経済白書）。

一九二〇年に初めて国勢調査が実施されて、人口の急激な増加が明らかとなった。マルサスの「人口論」で言及されたように、増加する人口の問題は食糧の分配の問題として、そして、世界恐慌以降

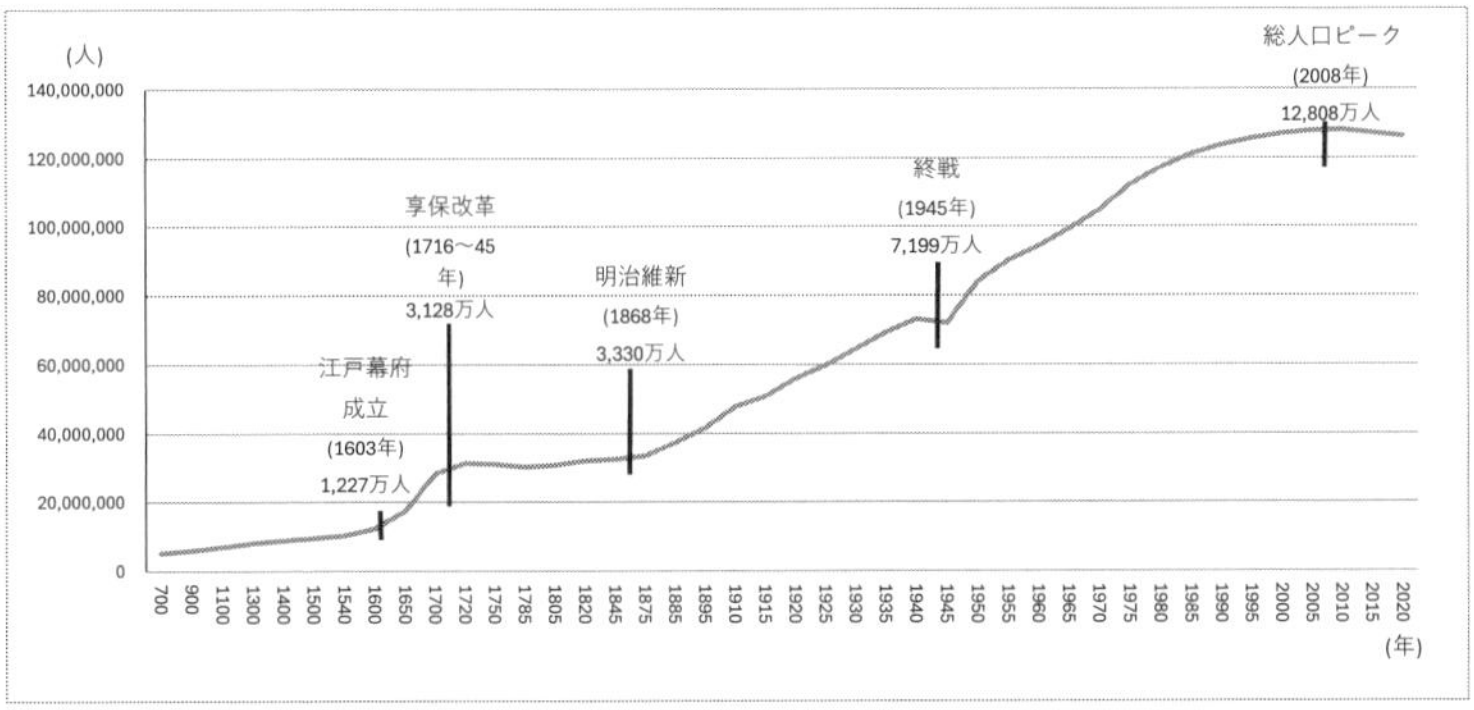

資料）2010年以前は総務省「国勢調査」、同「平成22年国勢調査人口等基本集計」、国土庁「日本列島における人口分布の長期 時系列分析」（1974年）を用いて国土交通省が作成した「国土交通白書」に基づき、2015年以降は国立社会保障・人口問題研究所「日本の将来推計人口（令和5年推計）」より筆者作成

図1　我が国人口の長期的な推移

は、人口とその政策が経済社会に及ぼす影響として捉えられるようになり、日本においても人口問題は職業・失業問題として取り上げられるようになった（館 一九七二）。

人口問題に言及する際に重要となるのは、人口の質と量である。人口の質については、二〇世紀はじめに行われた世界人口会議での潮流を受けて、人口の質を目指す考えが各国に浸透した（杉田 二〇一九）。

杉田（二〇一九）によれば、人間の先天的な素質の改善を重視する優生学は、これに対抗する後天的な環境の改善を重視する優境学も伴って、遺伝的素因と環境的素因の改善によって社会を進歩させようとする思想的潮流である「優生-優境主義」[*2]が浸透していったという。日本でも、感染症の予防法や次世代の質に関わる児童虐待防止法、少年救護法（どちらも一九三三年）が施行されたことや、一九四〇年には国立優生結婚相談所が開設されたことを考えれば、「優生-優境主義」政策が主として講じられていったと言えるだろう。

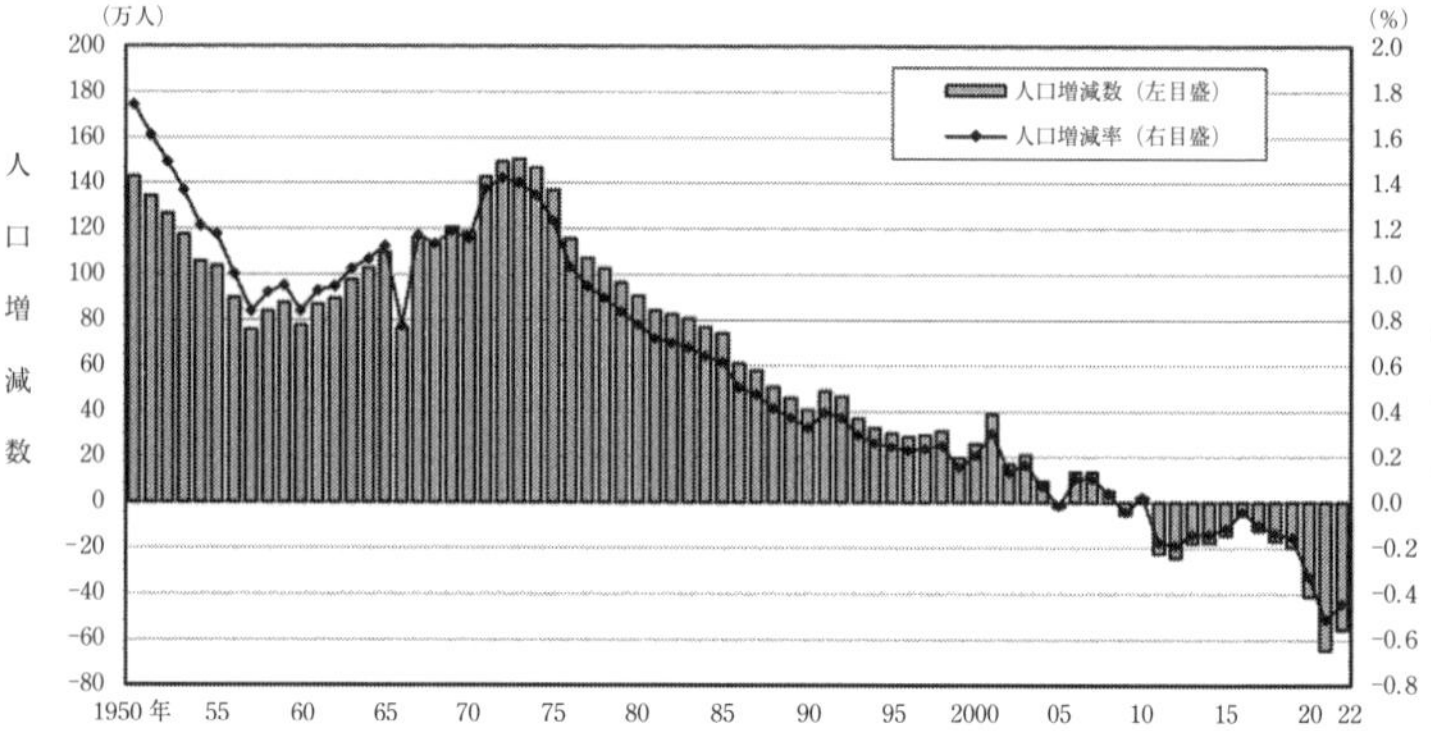

注） 人口増減率は、前年10月から当年9月までの人口増減数を前年人口（期首人口）で除したもの

図2　総人口の人口増減数及び人口増減率の推移

人口推計（2023年〔令和5年〕10月1日現在）

人口の量については、時代に応じて講じられた政策が異なるため、区分してみてみたい。まず、戦時下においては、大東亜共栄圏確立のために人口増強政策として「人口政策確立要綱」が一九四一年に閣議決定された。「人口政策確立要綱」によれば、出生増加の方策として、租税負担を独身者には重い一方で多子家族には軽くする他、多子家族には物資の優先的な配給や表彰までもが明言された。その他、妊産婦・乳児の保護に関する制度の樹立についても言及があった。戦時期の人口政策――特に、「人口政策確立要綱」での具体的な政策と当時の新聞記事の報道についてまとめた赤川（二〇〇四）が指摘したように、多子家庭に対する優遇、母親・乳幼児死亡の防止、早婚・出産の奨励からなる戦時期の人口政策は、衛生・福祉的な側面を有する死亡減少の方策であると同時に、国策を盾にした、性や身体のことを自分で決め、守ることができる権利であるリプロダクティブ・ヘルス／ライツや、社会や国家など

の公権力から干渉されることなく、自分自身の生き方について自由に決定することのできる自己決定権に対する政府の介入とも言える。それは、「人口政策確立要綱」に記されている「個人を基礎とする世界観を排して家と民族とを基礎とする世界観の確立、徹底を図ること」という文言からも読み取れる。戦後には、海外からの引揚・復員とベビーブーム（一九四七～四九年）による出生数の増加により、一九四五年から一九五〇年にかけて総人口が一〇〇〇万人以上増加した。したがって、この時期には、日本は過剰人口問題に直面していたと言えよう。そのため、一九四九年には衆議院において「人口問題に関する決議」が採択される他、内閣に人口問題審議会が設置され、増えた人口を受け止めるための産業振興・国土開発・食糧増産についての「人口収容力に関する建議」と受胎調整思想について謳った「人口調整に関する建議」が提言された。これらの建議の内容は具体化されなかったものの、国会において受胎調節、すなわち避妊を中心とした人口対策について多くの質疑がなされるようになった（参議院 二〇二三）。[3]

人口の多寡は、（我が国の場合特に）出生数と死亡数で規定される。一人の女性が一生涯にどれだけの子どもを産むかを見る合計特殊出生率は、一九四〇年以前は四・一～五・一の水準、戦後一九四七～四九年（第一次ベビーブーム）には四・三を超えていた。

＊2　結核予防法、トラホーム予防法（どちらも一九一九年）、花柳病予防法（一九二七年）、癩予防法（一九三一年）

＊3　ただし、一九四八年に優生上の観点からの結婚相談や優生保護上必要な知識の普及に関する施設として位置付けられた優生結婚相談所は、その業務に受胎調整の普及指導が加わることとなった。

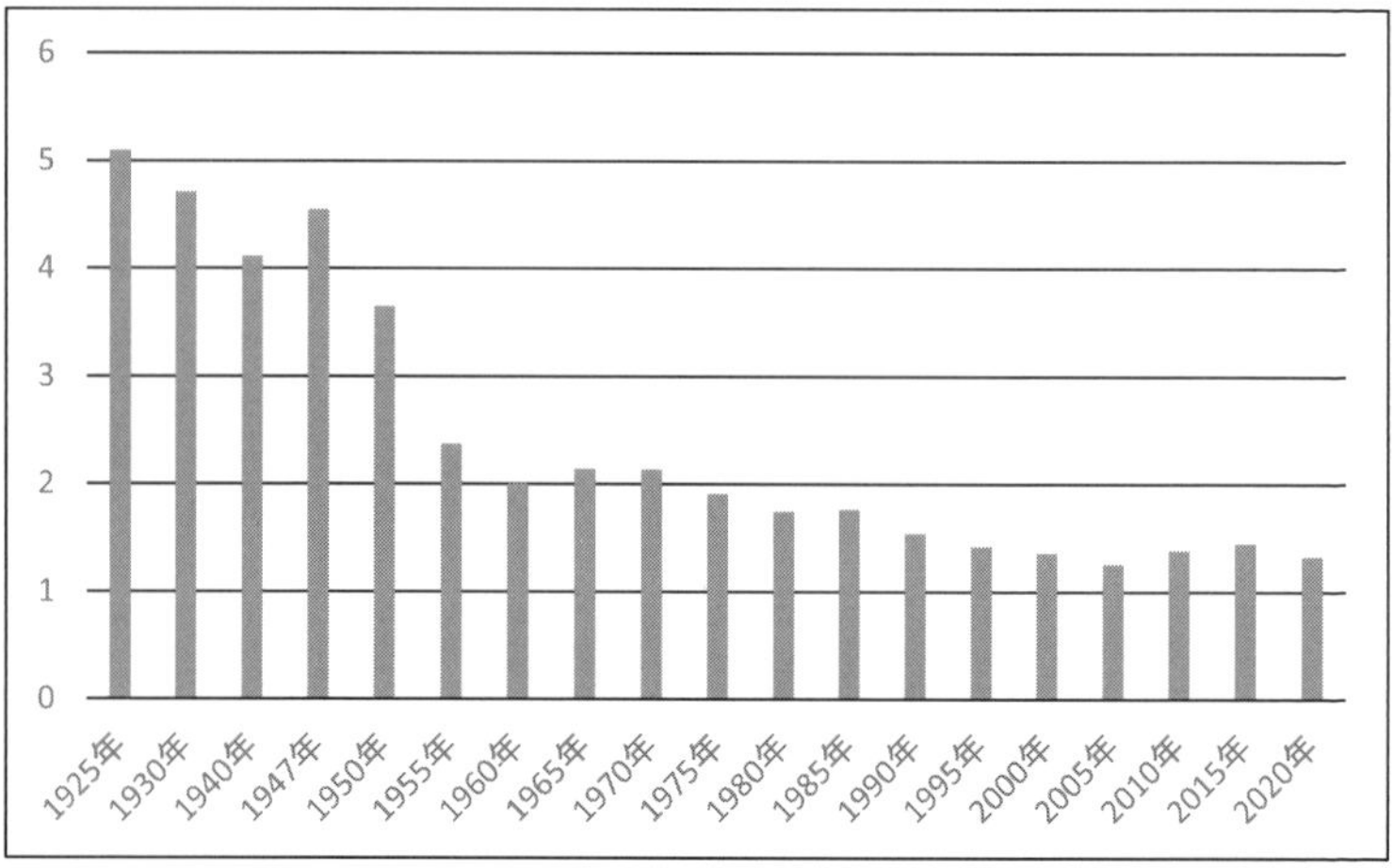

図3　女性の合計特殊出生率：1925〜1980 年

国立社会保障・人口問題研究所『人口問題研究』による。1947〜70 年は沖縄県を含まない。率算出の分母人口は、1925〜40 年は総人口、1947 年以降は日本人人口

しかし、図3からも見られるように一九五〇年から五五年の間にかけて急激に低下した。これは、経済的に苦しいことが大きな要因とされている。戦後の生活水準が戦前の半分くらいまで下がり、これが回復するのが一九五四~五五年頃であったためであること（人口問題審議会編　一九七四）が明らかになっている。

図3から分かるように、六五年・七〇年にわずかに戻ったものの、人口動向に関する懸念——人口についてどうも新しいトレンドが始まっている——は一九六九年にすでに表明されていた。一九六九年に人口問題審議会が提示した「わが国人口再生産の動向についての意見（人口問題審議会中間答申）」では「問題は広範にわたるが、とくに最近の出生力は、『ひのえうま』[*4]の迷信に影響された数年を除き、準再生産率が一を割って縮小再生

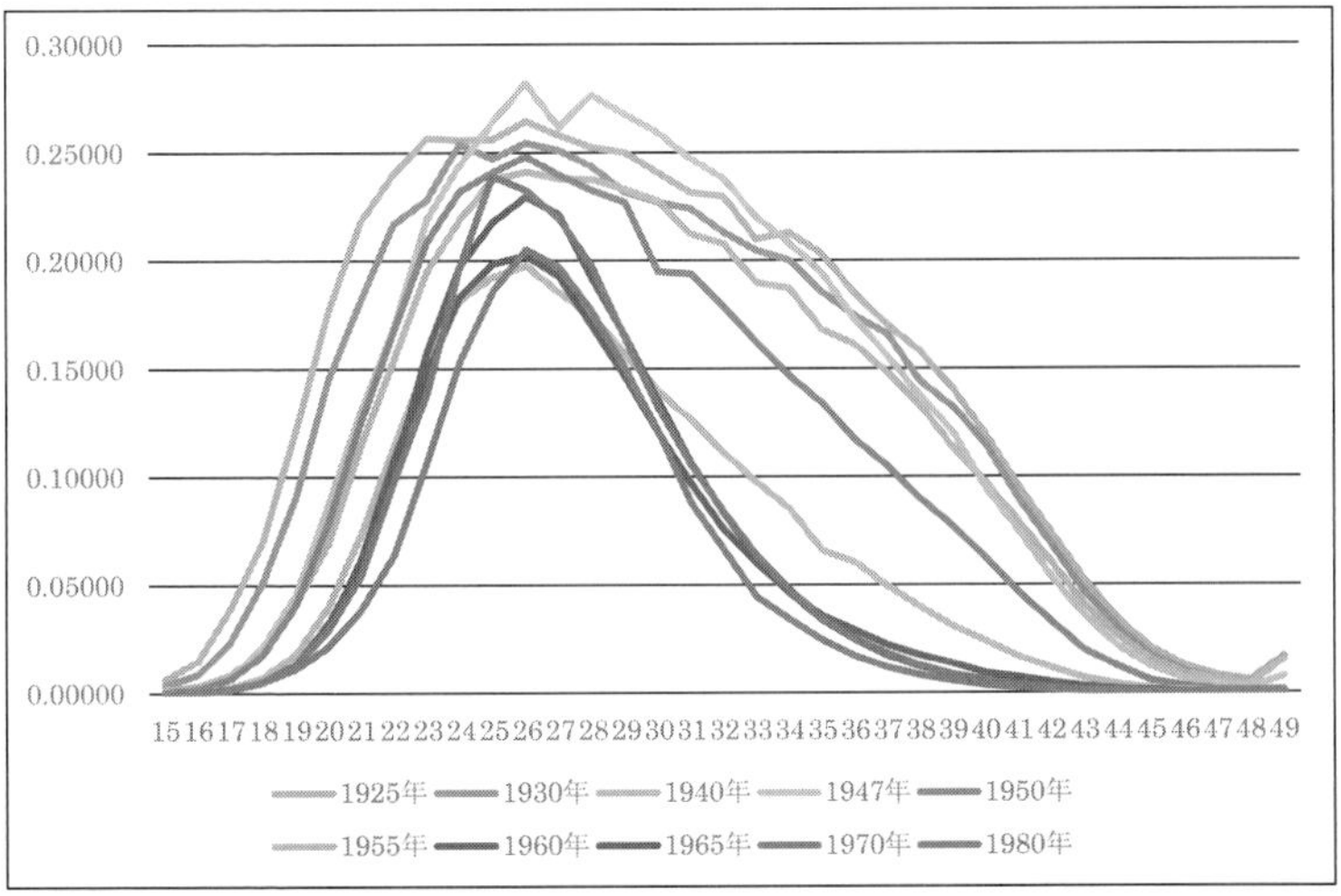

図 4　女性の年齢（各歳）別出生率：1925～1980 年

国立社会保障・人口問題研究所『人口問題研究』による。1947～70 年は沖縄県を含まない。率算出の分母人口は、1925～40 年は総人口、1947 年以降は日本人人口

産の状態を示していることを重視して、まず出生力に関する中間答申を行うこととしたものである。答申は希望する子女はもっと楽に生めるように、また人口変動が安定的であるように、純再生産率が一程度に、したがって合計特殊出生率は二・一程度に回復することが望ましいとし、そのためには出生力の低下に参与しているとみられる経済的、社会的要因に対し、経済開発と均衡のとれた、適切な社会開発――すでにこの審議会が従前の建議においても指摘している――を強力に実施すべきことを強く要望している」と述べられている（図 4 も参照）。

新しい人口動向の影響は人口全体の増減にも影響を与え（図 2）、一九七三年を境に人口増加は前年より少なくなっていく。一九七四年四月には、人口白書「日本人

口の動向――静止人口をめざして」が発行された。人口が増えも減りもしない「静止人口」を目指すこと、そして、翌七月の第一回日本人口会議では「子供は二人まで」の大会宣言を採択した。すなわち、人口は縮小していくであろうという懸念があったにもかかわらず、出生抑制策を更に推し進めたのである。しかし、わが国の人口政策が誤っていた、とは言えない。先述の通り、人口増加に伴う経済発展と様々な弊害に世界各国それぞれ直面していたため、一九七四年を世界人口年として定め、出生抑制が訴えられていたため、国際協調の点からは理に適った施策だったためである。

日本が目指したこの「静止人口」とは、人口ピラミッドの形がずっと変わらず、出生数と死亡数が同数であるような状態を指す。社会保障制度に関連していえば、世代間の人口比率が変わらないために、社会保障制度で基金したものが必ず拠出者に戻り続ける状況となって、世代間平等が保たれることとなる。このような状況を達成できるのであれば、一度策定した社会保障制度の基盤は頑強なものとなる。

人口問題審議会中間答申が発表されて以降の日本の人口政策を総括するに、静止人口を目指すと言いつつ、適度な時期に人口増加政策を採れなかったために人口をコントロールできず、静止人口を達成できなかった。そもそもとして、経済力は、短期間で大きく変化する技術進歩・革新と、長期間かけて変化する人口からなるため、ある時期に必要な適度な人口を把握して、現実の人口を短期間のうちに調整することは難しい――個人の生死に政府が介入することはできない。大義名分のために戦時下で採られた出生奨励政策をそのまま行おうとしたら反発があるに違いない。ましてや、人の死に介入されることには猶更嫌悪感があるだろう。人口を調整することによって経済問題と伴う社会保障問題を解決しようとしたことに現在の問題――現役世代と将来世代の利害対立に関わる課題――が顕在化してきた。

このように、人口調節では立ち行かないと判明している現況において、高齢者福祉も、子育て支援も重視し、そして増税はしない、ということは不可能である。その中でいまあるものを分配するのであれば、何を分配すべきか、またそれは何に応じて分配するのか、という問題に次に移らねばならない。

3　社会保障制度と公平性・衡平性

「神よ　変えることのできるものについて、それを変えるだけの勇気をわれらに与えたまえ。
変えることのできないものについては、それを受けいれるだけの冷静さを与えたまえ。
そして、変えることのできるものと、変えることのできないものとを、識別する知恵を与えたまえ。」

ニーバーの祈り（大木英夫 訳）

＊4　一六六六年（丙午：ひのえうま）生まれの八百屋の娘・お七は、火事から避難した寺にて恋仲になった男性ともう一度会いたいと自宅に放火したために、丙午生まれの女性は気性が激しいとして、出生忌避が起こる。十干と十二支に五行を配当することによって生じる、六〇年を一つとした組合せにより、一九六六年がその年にあたり、次の丙午は二〇二六年である。

公平性・衡平性

「当時から、少子化対策を進めたり、社会保障にかかる負担を将来に先送りしないような仕組みを考えるべきだったのだ」という声が後から聞こえてきても、最終的に到達したい未来から現在に向かって常に最適な行動を取り続けていくことは難しい。特に、無数のパラメータが絡み合ってくる場合には、不可能に近い。これを考えるマクロ経済学の動学モデルは、経済主体の最適化行動を目的として、モデル化した連立方程式を解析して、現実世界の性質や特徴を明らかにしたり、政策の方向性や適性を確認できる特徴を持つが、組み込む要素を増やすだけ、連立方程式は複雑化して、解析を行うことが困難となる。それに対して、大規模な世代重複一般均衡モデルを構築したAuerbach & Kotlikoff (1987) では、シミュレーション分析を用いて社会保障改革の影響を捉えることができるようになり、以降、少子高齢化が社会保障財政に与える影響を測定して、高齢化社会における最適な税制について提言するなど様々な研究が蓄積されてきた。

その中で、重視されてきたのが世代間と世代内の公平性・衡平性である。その背景には、かつて「一億総中流」と呼ばれた日本の所得格差拡大が挙げられる。一九九八年に、経済学者の橘木俊詔が書籍『日本の所得格差』にて、当初所得・再分配所得のジニ係数[*5]が上昇していることを取り上げて、日本の所得分布の不平等化が国際的に見ても無視できない水準に達しつつあると指摘した。これに対して、同じく経済学者の大竹文雄は、不平等度の要因分解を行って、不平等化の原因は人口構造の変化——主として、高齢化と単身世帯の増加——にあることを主張した[*6]（大竹&齊藤 一九九九、大竹 二〇〇〇）。

冒頭で触れたように、社会保障給付費の財源の多くは、被保険者の保険料と政府からの税によって賄われている。財源を税にするのか社会保険料にするのか、税も消費税のような間接税なのか、所得税・法人税のような直接税なのか、直接税にしても事業者負担なのか労働者負担なのか……社会保障を運営していくのに必要な財源を、どれくらいにするのか、そして誰が負担するのかによって世代間の公平・衡平は異なる。困っている人は誰で、どの程度いるのかを把握し、助けた場合はどれほど公平・衡平な制度になっているのか。高齢化と所得格差の関連性を考えれば、世代間の公平性・衡平性の観点から、高齢化の進展がもたらす将来世代の負担増に対処しつつ、社会保障改革を行う必要がある。このために Auerbach & Kotlikoff（1987）による研究が用いられてきた。日本の公的年金制度データを用いて、どの程度年代別で収益率が異なるか―具体的に言えば、受益と負担があるのか―を見た Hatta & Oguchi（1992）や八田&小口（一九九九）によれば、一九六二年生まれが境となり、それ以前に生まれた世代は受益を得るのに対し、それ以降に生まれた世代では負担超過となることが明らかになった。その後、持続可能性のために二〇〇四年に公的年金の給付費抑制と保険料水準固定方式の導入が行われたことを受けて再度推計した島澤（二〇〇七）においても、一九六〇年生まれの世代以降は負担超過という結果が得られている。公的年金に限らず、年金、医療、介護の三分野に拡

＊5　所得などの分布の均等度を示す指標。0から1までの値をとり、0に近いほど分布が均等であり、1に近いほど不均等となる。
＊6　加えて、高所得者男性の妻の有業率が上昇し、高所得夫婦の比率が上昇したことも影響を与えている可能性も指摘している。

張したモデルを立てた鈴木ら（二〇一二）でも一九五〇年生まれはプラスである一方で、一九六〇年生まれ以降の世代ではマイナスとなり、若い世代ほど負担超過になっていることを見ても、かなり頑健な結果であろう。

このほか、Auerbach, Gokhale & Kotlikoff（1991）によって始められた世代会計がある。具体的な考え方は以下の通りである。今生きている世代のうち、最も後の世代をゼロ歳世代、今後生まれる世代を将来世代とする。将来世代は今ある政府債務を完済するための財源を負担する役割を担う、と想定して、税や社会保障にかかわる受益と負担の収支を世代別に明らかにして、財政赤字や政府債務残高の指標がどれだけ将来世代の負担になっているのかを測る試みである。一七か国の分析を行ったAuerbach, Kotlikoff & Leibfritz（1999）では、一七か国中日本が最も将来世代の負担が大きく、将来世代は現役世代より一六九・三％重い負担をする結果を示している。佐藤（二〇一一）による二〇〇五年時点での推計では五八九・六％、増島&田中（二〇一〇）による二〇〇八年時点の推計では二四〇・六％と、ばらつきがあるものの将来世代の負担は年々深刻になっているといえる。

シルバー民主主義

更に、この少子高齢化においては、構造的に「シルバー民主主義」になりやすい。八代ほか（二〇一二）において提唱された概念だが、「政治経済学的な文脈においては、少子化、高齢化の進行は中位投票者の年齢を高め、結果的に高齢者の政治的プレゼンスを強めることとなるので、高齢者に有利な政策が採用されることになるという、いわゆるシルバー民主主義仮説が提唱される。」と説明されている。有権者に占める高齢者の割合が高く、そしてその投票率は高いのに対して、若年者の割合は低いのにその投票率も低い。例えば、二〇二一年に行われた第四九回衆議院議員総選挙では一〇歳代が四三・二三％、二〇歳代が三六・五〇％、三〇歳代が四七・一三％なのに対して、六〇歳代は七一・三八％で、七〇歳代以上でも六一・九〇％となっている（全年代を通じた投票率は五五・九三％）。このような状況では、選挙人は、実際に投票をしてくれる人すなわち高齢者に目を向けて政治活動を行い、高齢者向けの政策を充実することを主張するだろう。

大竹&佐野（二〇〇九）、八代ほか（二〇一二）以外にも、冒頭でも触れた寺井ほか（二〇二三）で明らかにされたように、高齢化が進むにつれ、住民一人当たりでみた公共事業や教育への財政支出が減り、高齢者福祉に関する支出が増えており、シルバー民主主義の存在を示唆する結果となっている。

これは、高齢者が人口構成比以上に政治的影響を持ち、世代間格差が広がる一因となる。そうした中で、現行社会保障制度を維持することは不可能だと明言し、できる限り早いタイミングで支給額の抑制ないし負担の増加をしない限り、将来世代の負担が増大することを提言する専門家らも多い（宮里 一九九八、北尾 二〇一七）。

社会保障制度の多くは税と社会保険料で運用されていると述べたが、税によってのみ運営されているものの一つとして生活保護制度が挙げられる。厚生労働省「被保護者調査」によれば、二〇二三年七月度時点で生活保護を受給している六五歳以上の高齢者は約一〇四万人で、これは同時点の高齢者数三六二三万人の約二・九％に相当する。引退後の所得に困って――元々その場合には、現役時代の所得も十分に多いとは言えない場合が多いだろう――生活に困窮し、生活保護を申請するという姿が見える。高齢者の数は今後も増える予測がなされており、そのうち生活保護を受給する人数も割合も増えることが推計されている（小黒 二〇一八）し、前掲の寺井ほか（二〇二三）で明らかにされているように、一五歳未満人口が一％増えても生活保護支出の増加は一・八％であるのに対して、高齢者人口（六五歳以上人口）が一％増えると生活保護費が四・一％増加することを考えれば、高齢化の与える影響は大きい。

年金や介護のように賦課方式であれば世代間の支え合いとして解釈し、世代間格差や世代間正義を議論することができても、医療について、あるいは、生活保護制度のように一定の保護基準を満たない場合の最低生活を社会の他の構成員によって税により保障する場合には、税の拠出者はどのようにして何が使われているのか気になるだろう。このような社会保障制度を用いて再分配を行う際には、どうしても誰の運が悪く、誰がどれほど努力をしているかという観点から、社会が共有する資源や負担を各人に分配するときの規則である分配的正義の分野で議論される必要性がある。

ここでは、現況において提供される社会保障制度において何を、どのように分配するのがもっとも善いのか――すなわち、いま私たちは社会保障制度の何を変えるべきなのか――を考えるために、まずは、その分配的正義について考察したい。

現代の福祉国家の社会保障は、自らの生活は自ら維持し（自助）、起こりうるリスクを相互に分散することによって補完するが（共助）、それでも起こりうる不測の事態に「受給要件を定めた上で」生活保障を行う（公助）と定められている。このとき、個々人がどのようなリスクあるいは才能を有しているかは分からない、もしくは分からないことにしておく――この原初状態にいることをJ・ロールズは無知のヴェールに覆われた状態と呼んだ――ことが互恵的な制度の基礎となっている。相手のリスクや才能だけでなく、自分自身に関するあらゆる事実（人種・階層・地位・財産・能力・年齢・性別・健康状態など一切の個人的・社会的属性）も分からない無知のヴェールが覆われている状況で社会のルールに関する合意形成を行ったときに、自分のみに有利な分配のかたちを私的に追及することは不可能となり、公正・公平に基づいたルールを選択することが最も合理的な選択となる。ロールズは、このような状態において人々が自発的に選択する分配のかたちこそ、万人を公正に扱える正義の原理になると論じた。

　無知のヴェールのもとでは、人は、社会の中で最も不遇な（minimum）立場に陥る可能性・リスクに目を向ける。その結果、最も不遇の人の立場を最大に改善する（maximize）する分配形式を最も好ましい分配形式と考え、それに合意するだろう。これをマキシミン基準（Maximin principle）と呼ぶ。

　しかし、現実ではどうだろうか。生活保護を代表として、社会保障制度には様々な批判がなされている。先述のように、年金では十分に暮らしていけないから生活保護をもらう高齢者に対して、そのような貧困状況を作ったことへの批判や、十分な保護費をもらっているのにその使い方が誤っているから生活苦から抜け出せないのだという批判が見受けられる。我々の生きている日常では、貧困に陥った責任と貧困から抜け出せない責任という二つの概念からなる貧困の自己責任論が主張されているといえるだろう。しかし、仮に自分も不慮の疾病や、やむにやまれぬ失業によって低賃金や低年金になることもあろう。また、金銭の使い方についても、他の人から見れば非合理的な選択でも、本人にとっては合理的な判断だったりする。もっとも、ロールズは（効用の個人間比較が可能であると仮定しても）効用を最大化することを提唱したのではなく、基本財（primary goods）の最大化を訴えた。この基本財の具体的な例としては、様々な権利や、自由、機会や富などが挙げられるが、合理的な人であればより多く手に入れたいと思う「幸せになるための手段」であるのに対して、効用とは幸せという目的ということができる。最も貧しい人を最も不遇な人と見なした場合、彼らはそのような基本財を最低限しか享受できていない人々であるから、基本財が最も多く提供されるべきだということとなる。

貧しいことへの批判——少々脱線するが、重要な点なので、述べておきたい。例えば、筆者が見受けた例を挙げると、「日中に銀行ATMまで行けば手数料かからず、現金を引き出すことができるのに、手数料を支払ってコンビニ等のATMで引き出すから貧しいままなのだ」という主張があった。これを聞いたときに、A・V・バナジー&E・デュフロ（二〇一二）を想起した。低所得だから貯蓄ができず、貯蓄ができないから投資が出来ず、投資が出来ないので所得が上昇しないという長期的な悪循環のことを「貧困の罠」と呼ぶ。この罠は、次の世代へと格差の連鎖を生む。この貧困の罠を断ち切るためには、「『貧乏人に自由市場を』『人権を大幅に充実』『まずは紛争を解決すべき』『最貧者にもっとお金を』『外国援助が発展を潰す』」（八頁）など考えられるのだが、同書は「実際の平均的な貧乏人にはほとんど出番がありません」（八頁）と叩き切る。その代わり、貧しい人々の意思決定に着目し、彼らがそのとき・その環境において合理的な判断をしていることを明らかにしている。その一方で、貧困の罠に陥っていない豊かな人たちは充実した社会サービス、例えば、社会保障負担や積立年金の天引きなど「眼に見えないあと押しに囲まれて生活して」（一〇二頁）いるから、豊かな人から見れば無駄に見えることに時間をかけることなく、生活の他のことに専念できるのだと明言している。

分配的正義

リスクも、能力も分からない、無知のヴェールが覆われている状況で判断すれば、「明日は我が身」であるから、最も恵まれない人の厚生に焦点をあてた分配を誰もが選ぶだろう。仮に、このようにして分配が行われたとしても、善き生を達成する資源についての機会の平等という問題が残る。資源を利用する能力が低い者にはより多くの資源を配分されてしかるべきだろう。先述の例であれば、何を買うか、どんな仕事をするか、はたまた誰と家族を形成するかしないのか、といった人生における無数の選択の機会が人々に平等に与えられていたか、と公正性の観点から分配問題を考える新しい試みがロールズ（Rawls 1958, 1971）から始まったと言える。

このような考えは、ロールズ以外では、R・ドゥウォーキン、R・アーネソンやG・A・コーエンらにより平等主義的リベラリズム（Egalitarian Liberalism）として提唱されてきた。極端な自由や功利に基づくリバタリアニズム（libertarianism）や、努力如何にかかわらず均等配分を行おうとする平等主義（egalitarianism）は結果の平等に着目しているのに対し、平等主義的リベラリズムは機会の平等に着目しているところが大きく異なる点である。この機会の平等のうち、機会（opportunity）

という概念は、資源を適切に用いることによってもたらされる可能性のこと——すなわち、機会の平等とは資源に対する平等なアクセスの保証——を指している。しかし、公共政策上、注意すべき二点は、選択の尊重と(不)運の除去である。前者は、個人が行った選択を極力尊重するものであり、後者は、個人に降りかかる運・不運や自然的・社会的境遇の差異がその人の福祉に与える影響を除去しようとするものである。このような場合、本人の不遇の原因が当該本人にとって避けがたい運によるものだったのか、それとも本人による選択の帰結だったのかという点に視点が移る。もし、選択の帰結であれば、本人は自身の帰結の責任を負うべきであろう。しかし、本人のコントロールが及ばない環境要因によって生じた格差は第三者すなわち政府による調整の必要があるのではないだろうか。ロールズの考えには、個人の責任という概念も伴っているのである。平等主義リベラリズムの中でも、個人の選択の自由と結果責任の対応関係を重視するこのような見解は、責任感応的平等主義(responsibility sensitive egalitarianism)[*7]として区別されている。

4　機会の平等——周辺環境要因と努力要因

学校教育

一九八〇年代から経済学もこの議論に参加するようになったが、これは一九九六年や一九九八年の著書において、機会の平等という概念が提示したJ・ローマーによる貢献が大きい。これまで経済学では、長年不平等を測定する最善の方法に焦点が当てられていたのが、ローマー以降、倫理的に受け入れられない不平等に焦点を当てるという方向に変わったとローマー自身も述べている（Roemer & Trannoy 2013）。

特に、近年では、この責任感応的平等主義の考えを実証研究に生かそうとする動きが活発である。ローマーは政治哲学的側面での貢献について評価されているが、データ分析を行ったり、経済学的側面から機会の均等を達成する政策についてのアルゴリズムも提案している。では、近年、どのような実証研究の流れがあるか簡潔に述べておけば、機会の平等が国によってどのように異なるか、講じられた政策がどれほど機会の平等を押し上げたか、人々の価値観はどうか、というような研究が多く実証研究で行われてきた。

そのような先行研究として、Betts & Roemer（1999）、Roemer et al.（2003）、Bourguignon, Ferreira & Menendez（2007）やDevooght（2008）の他、公平の概念を取り入れたAlmas et al.（2011）が挙げられる。

まず、Betts & Roemer（1999）は、Roemer（1998）に基づいて、アメリカにおける機会の決定要因として、教育に焦点を当てた。学校教育において、子どもは様々な資源を用いて、教育の成果を獲得する。学校間の支出を均等にすることは、どれほど機会の平等を担保することになるのか、ということを明らかにするものであった。人種と親の教育に焦点を当て、どのような教育支出を行うことによって機会の平等が進むか分析した結果、両親の教育水準よりもどの人種であるかが重要な変数であ

＊7 Elizabeth Anderson は、「運の平等主義（luck egalitarianism）」と呼んでいる（Anderson 1999）。

表2　周辺環境要因と努力要因として用いられた変数

	変数の説明
周辺環境要因 （circumstance）	父母の教育水準 （1）父母の教育水準の平均値、 （2）父母の教育水準の差 （3）人種 （4）出生地 （5）父親の職業
努力要因 （effort）	（1）本人の教育水準 （2）移民ダミー （3）就業上の地位

り、同じタイプに属する子どもには努力の違いが成果の違いに反映されるように均等に資源を提供する一方で、同程度の努力を費やす子どもには差をつけて資源を配分するという方針を導いた。

ここで、生まれつきの知能（ＩＱ）が違えばどれだけ機会均等を達成する政策を講じても無駄に違いないと思う人がいるだろう。確かに、不平等の原因は知能（ＩＱ）にあり、恵まれない子どもへの教育を通じて機会を均等化しても結果の平等は変わらないと指摘した研究にJensen（1969）やHerrnstein（1971）がある。これに対して、所得の不平等はほとんど機会の不平等によると述べたBowles（1973）[*8]があり、ボウルズと同様にして、ローマーは努力によって改善可能な個人の属性を能力と呼ばず、これについて焦点を当てることなく、ひたすら機会の平等を測ることによって対応してきた。

その後、実証研究が大きく進む元となった研究を紹介しよう。イスラエルでのアンケート調査に基づいたYaari & Bar-Hillel（1984）、ベルギー、ブルキナファソ、インドネシアでのアンケート調査に基づいたSchokkaert & Devooght（2003）や、ドイツ、オーストリア、スロベニアでの調査に基づいたGaertner & Schwettmann（2007）によるサーベイ調査やCappelen et al.（2010）による実験が挙げられる。これらのサーベイや実験によって——Roemerにより提唱された理論の通り、人々は所得分配を環境と努力の二つに大別し、個人のコントロールが及ばない環境要因については責任を問わず、労働時間など努力に基づく要因については責任を問う、という結果に基づいて前述の実証研究が進み始めた。

特に重要となる先行研究である、Bourguignon et al.（2007）は、ブラジルのデータを用いて、周辺環境（circumstance）要因と努力（effort）要因にわけて稼得所得を推計した。使用された周辺環境要因と努力要因を表2にまとめたので、確認されたい。彼らは、周辺環境要因が稼得所得を得る機会に占める要因について分析を行った。また、努力変数を通じて機能する間接的な要素と稼得所得に直接作用する要素に要因分解したところ、周辺環境要因は一九九六年における、ブラジル男性の稼得所得のタイル指数[*9]の約一〇〜三七％を説明していることを明らかにした。

Almas et al.（2011）では、Bourguignon et al.（2007）の基本的な枠組みを更に発展させ、「公平所得」を推計した。個人が責任を負うべき変数と責任の範疇外にある周辺環境変数に分類して、労働所得を特定する。そのようにして推計した労働所得決定要因について、個人が責任を負うべき要因によって説明できる所得を社会全体でシェアすることによる「公平所得」を導出した。例えば、各個人

＊8　ただし、Bowlsは、社会の不平等は生産の社会的関係によって生ずるものと考えており、不平等を存続させている体制を切り崩すような教育改革にこそ意味があると考えている。

＊9　Theil（1967）において考案された経済格差を測る指標である。具体的には、誰もが同じ所得であるいう理想的な平等主義的状態から集団がどれほど離れているかエントロピーの距離を測定している。

がいかなる要因にも責任を負わないのであれば、公正な所得分配とは総所得をすべての人で均等割りすることになる一方で、各個人がすべての要因に責任を負うのであれば、課税前所得を公正な所得分配ということになる。この「公平所得」を用いて、一九八六年から二〇〇五年のノルウェーの課税前ならびに課税後所得の所得分配について評価した。その結果、ジニ係数が低下しているにもかかわらず、課税前所得に比べて課税後所得がより「不公平」になっていることを明らかにし、ノルウェーの税制は再分配制度として適切ではないと述べている。

では、日本ではどうか、というと、同様の、すなわち経済学的実証研究は非常に少ない。それはひとえにデータの問題にある。これは二つの点から述べることができる。第一に、出生地、両親の教育水準、父親の職業など、あらゆる周辺環境要因についての情報を含んだデータは少ない。ただし、「東大社研・壮年パネル調査」「東大社研・若年パネル調査」には本人の職業、家族、教育、意識、健康のほか、一五歳時点での家庭環境についても質問している大規模なパネルデータがあり、社会学的アプローチによる研究が豊富である。なお、Sakoda（2022）が用いたデータには、Bourguignon et al.（2007）で挙げられた、父母の教育水準・出生地に代替する小中学校生時代に居住していた地域の都市規模・父親の職業・本人の教育水準・就業上の地位の他、主観的な小中学生時代の成績が含まれており、これを用いて分析をした結果、主に三つのことが明らかになった。個人の努力や性格は高い教育を通じて労働所得を高めることに寄与し、個人の努力や性格とは関係のないところで職業・就業時間と労働所得のあいだに相関をもたらすこと、親の教育水準や父親の職業など、本人の責任の負えない変数については、父親の職業が不安定であるときに有意に労働所得が低下すること、とりわけ父親がいない場合については、男性の場合、女性と比較して将来の労働所得に直結することである。

第二の点として、前述の既存の豊かなデータでも、観察不能な要因——これを経済学では、各個人の異質性（heterogeneity）と呼ぶ——を含んでおり、それらが責任要因となる可能性を含んでいることが挙げられる。この異質性の例として、性格が挙げられ、また、この性格と関連してくるのは努力である。生まれつきの知能（ＩＱ）で触れたように、努力で改善できる個人の属性を周辺環境要因と呼ばないとRoemer（1998）が言っている限り、努力に関連する情報は少なく、データ分析に耐えうる客観的な指標とすべくには測りにくい。努力は、その人がアクセスできる行動の集合と見なした場合、心理的な制約の問題ともなるからだ。これらの問題はなかなか解決しにくいだろう。

所得はどんな要素から成り立っているのか説明したいとき、回帰分析という統計学・計量経済学的手法が用いられる。結果となる変数を被説明変数と呼び、結果に影響を与えている要因を示す変数を、説明変数と呼ぶ。他の事情が同じならばと仮定する際に、他の説明変数と相関する変数を脱落させてしまうことによって、説明変数では説明しきれなかった情報のかたまりである誤差項が説明変数と相関し生じるバイアスのことを脱落／欠落変数バイアスと呼ぶ。[*10]、以上のように、これが発生すると真の値を推計できなくなってしまう。特にこの研究においては、それぞれの変数が相互に作用し、努力が周辺環境の効果を媒介していることもあり、内生性の問題も伴ってしまうため、データ設計が困難となるのである。

＊10　説明変数が誤差項と相関を持ってしまうことを言う。脱落変数バイアスがあると内生性が生じてしまう。

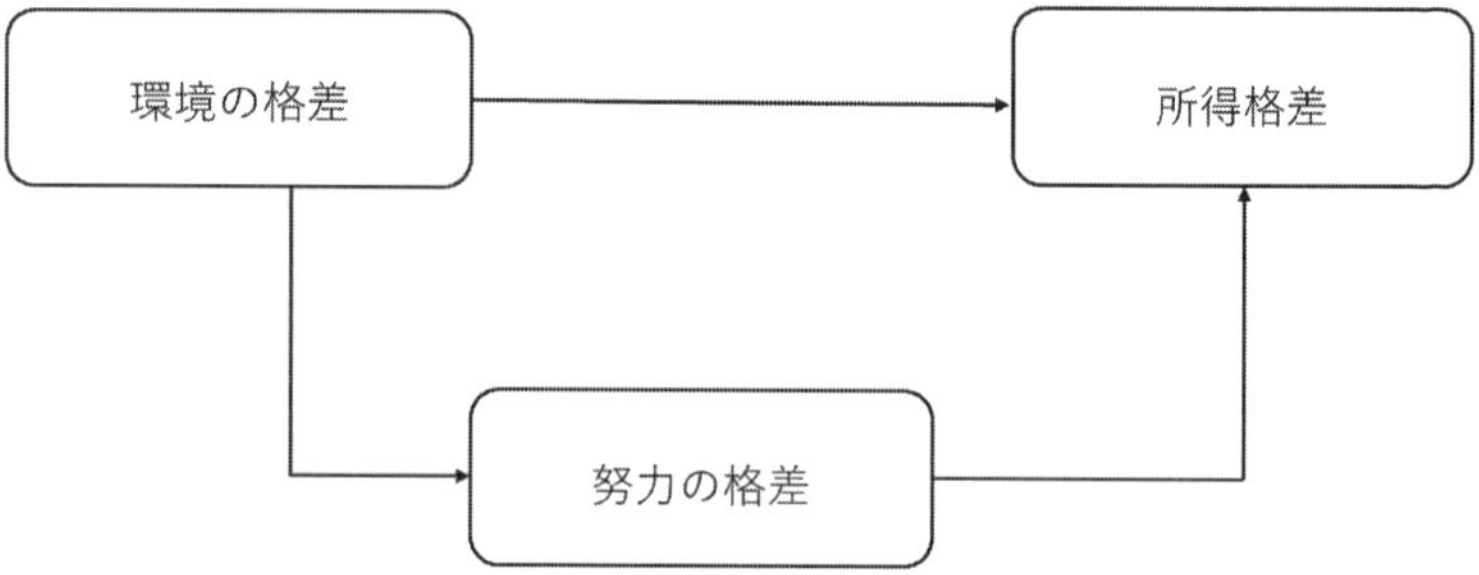

図5　努力と環境の媒介可能性

簡易のため、X（学歴・就学年数）がY（所得）にもたらす因果効果を知りたい、としよう。Xとは相関しているが、誤差項Uとは相関しない変数Z――これを操作変数と呼ぶ――を加えることによって解決を図るという方法が操作変数法である（図6参照）。

これに対処できる操作変数法をこの実証研究に適用できるか、というと、二つの問題がある。

一つは、誤差項とは相関がないけれども説明変数とだけは相関のある操作変数は考えにくいことである（Bourguignon et al. 2007）。もう一つは、明らかにできることの少なさ故である（Roemer & Trannoy 2016）。例えば、子どもと両親の健康状態に相関関係があるとしよう。相関関係があるということは、機会の平等が侵害されていることの証左ともなる。その要因が、遺伝子であるのか、家庭環境なのかによって、それぞれ場合分けし、操作変数法によって因果関係を特定するのみでは、個人のある時点での到達度についてしか把握することができない。平等主義的リベラリズムが関心を置く、個人の置かれている実質的機会は把握できない。全生涯における自由の平等が達成されたかどうかを把握しようとした場合には、一人の人間を一生涯追跡し、データを構築する必要がある。このよ

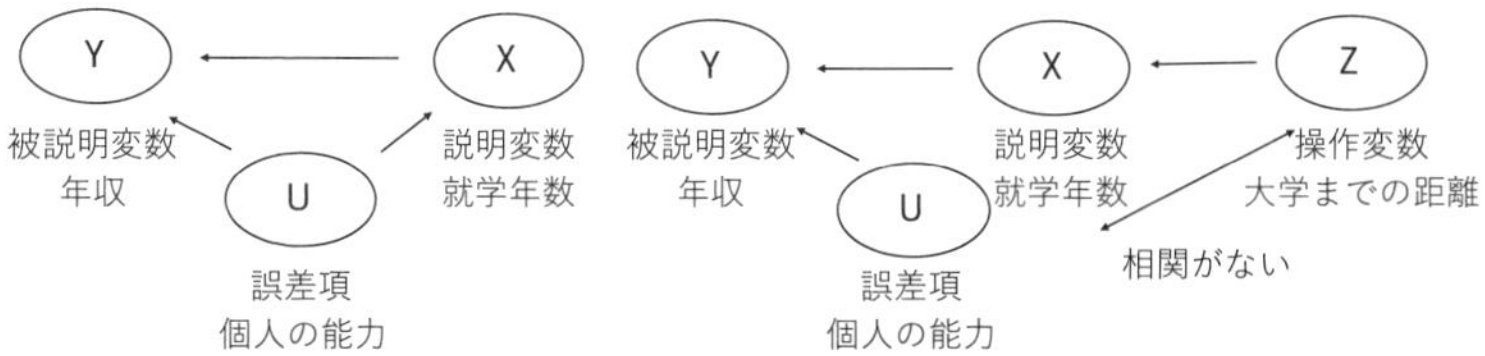

図6　操作変数法の仕組み

うにしても、その人の一生が終わったときその人が被った格差や不平等を是正してももう意味はなさない。そうしたとき、ある時点での特定の平等が達成されていることが、生涯の平等の達成とどのように結びついているのかに着目して是正しなければ意味がない。

これらの問題を解決する可能性を有する研究に、1型糖尿病患者についての研究がある。糖尿病は大きく1型、2型、2次性、妊娠糖尿病に分類できるが、そのうち1型糖尿病は、自己免疫学的な機序により膵臓にあるインスリンを分泌するβ細胞が破壊され、インスリンが欠乏することを成因とする糖尿病で、思春期までの低年齢層を中心に発症する。発症の原因は、現在のところ、遺伝的要因と環境的要因の両方が複雑に絡み合って引き起こされることが示唆されている（Åkerblom et al. 2002）。1型糖尿病には遺伝的要素があるにもかかわらず、1型糖尿病発症の大部分（九〇％以上）は、罹患した一親等の親族（すなわち、親や兄弟）を持たない人の間で起こっている（Dahlquist et al. 1989）。すなわち、1型糖尿病は生活習慣病でも、先天性の病気でもなく、疾病にかかるかどうかは運の要素が大きいということである。なお、完治する方法はまだなく、生涯治療が必要だが、インスリンを補う治療を続け、血糖をコントロールすることで、糖尿病のない人と同じ生活を送ることができる。例えば、二〇一六年から一九年にかけてイギリスの首相を務めたテリーザ・メイ

（Theresa Mary May）氏も1型糖尿病患者である。

Persson et al.（2016）では、スウェーデンの二〇年間にわたる個人レベルのパネルデータを用いて、小児期の1型糖尿病発症がその後の労働所得に与えた影響を分析した。その利点として、第一に、健康状態の変化がいつ起きたのかを把握しやすいこと、第二に、他の健康指標（例えば、自己評価による健康状態、肥満、出生時体重）に比べて内生性の問題が少ないことが挙げられる。また、最大の利点は1型糖尿病を誤差項に影響を与えない操作変数として用いることができた点である。

分析の結果、罹病期間が一五年－二五年であれば収入が約五％、二五年以上だと約一二％労働所得に負の影響を与えるため、教育への投資やキャリア形成が重要だと示した。

Persson et al.（2016）を執筆したSofie Perssonらの研究グループは、更に一歩踏み込み、一九九〇年代半ばに行われた、相対評価から学習目標の達成度による絶対評価に変わった教育成果評価システムでもなお、1型糖尿病を含む小児慢性疾患を持つ子供たちは疾患のために成績が下がっていることを明らかにしている（Persson 2019）。

平等主義的リベラリズムの観点から考えれば、機会の平等を目指す政策を講じるのであれば、同水準の努力を費やす人がタイプにかかわらず、同じような生産性を獲得できるように資源を分配すべきであるから、不利な境遇である1型糖尿病を補償するためにより多くの資源を提供すべきだ、という提言がなされる。もっとも、1型糖尿病患者の罹患率は低いため、安直に一般化することは難しいが、社会保障制度を再考するにあたっては重要となるだろう。

一方、そのようにして進んでいく研究に可能性もあれば、問題もある。Anderson（1999）は責任感応的平等主義を「運の平等主義（luck egalitarianism）」と呼び、自発的な選択の結果によって過酷な状況に陥ろうとも、それは責任の帰結だから救済の手を差し伸べないという問題を起こしてしまいかねないのではないかと批判した。これについて整理をしている角崎（二〇一三：四八‐四九頁）に基づいて紹介したい。まず、一つ目は「不注意な選択者に対する救済の否定」である。これは、他の人なら当然払うであろう注意を怠って過酷な状況に陥ってしまった人を指している。二つ目は「不注意でない自発的な選択者に対する救済の否定」であり、子どもや病人の世話などケア労働のためにあえて無収入であったり、働こうとしてもその時間も柔軟性もない場合に、給与所得者（夫が多いだろう）や生活保護に頼っていたり、あるいは極端に貧しい場合が多く、その場合には責任感応的平等主義から導き出される政策では救済ができない、ということである。最後の三つ目は「リスクの高い選択を行った者への救済の否定」として、仕事中の負傷や死亡のリスクが平均よりかなり高い警察官、消防士として従事している場合や、自然災害が起きる可能性が高い地域にあえて居住する場合には救済が肯定できないと指摘している。

労働経済学を専攻している者としては、どうしても第二・第三の点に注目してしまう。教育の機会があったにもかかわらず家族のために就業を選択した青少年や、夫の異動や子どもの問題に伴って仕事を辞める女性、介護のために職を失う中高年など散見される。就業継続率が高まっているものの、第一子出産前後に二三・六％の女性が離職している[*11]（国立社会保障・人口問題研究所 二〇二二）。一

*11 「子どもの出生年別に見た、出生前後の妻の就業変化」によれば、出産退職した第一子が一九八五‐八九年に生まれた場合には三七・四％。

度離職した女性が再就職する際には非正規雇用に就くことが多く、また、その賃金は低い（大石 二〇一七）。介護にしても同様である。育児・介護休業制度や保育・介護サービスなどの両立支援政策が拡充され、ライフスタイルが変わっても正規職員として就業継続することのできる人が増えれば、と思う反面、保育所の拡充は祖父母育児の代替である可能性や、育児休業給付金が比較的中高所得層に帰着している点（酒井 二〇二〇）を考えれば、結局のところ、完全な平等は、単に物質的資源の再分配だけでは達成できないかもしれないので、社会規範の改革、すなわち私たち個人一人ひとりの意識変革が必要なのでは、とも考える。なぜなら、市場に参入しても最低限の賃金を得て生存を自分で確保することのできないハンディキャップを有する人々については考え切れていないからだ。二〇一三年の法改正に伴う生活保護費の削減や、母子世帯に対する母子加算の廃止・復活を通じた働くことへのインセンティブ設計などの動向から窺えるように、我が国の社会保障制度がウェルフェアからワークフェアへと移り変わってきたことも合わせて考えると、分配的正義論の展開と規範的な制度設計が必要なのではないかと考える。

私たちが大事にしている規範のうち何を変えないで福祉や社会保障制度が成り立ち続けるのだろうか、私たちの何を変えるべきか誰か教えてほしいと思ったことはないだろうか。所得分配論や医療経済学で実証分析に携わる者としては、答えをデータに求めてしまう、ただ、そのやりすぎも危険を孕む。

先ほどの Persson et al.（2016）で用いられたデータから考えてみよう。これは、小児の1型糖尿病発症と国民登録データを併合させたものである。筆者がデータ分析をしているとき、日本で提供が開始され始めたレセプトデータが他のデータと併合できるのならPersson et al.（2016）のような研究ができるだろうに、と歯がゆい思いを感じる。しかし、アイスランドのように親子の遺伝子を比較して各人の疾病リスクを明らかにすることのできる全ゲノム解析までデータに含まれるようになったとき、無知のヴェールを想定した社会保障制度を人はどれほど頼るだろうか、とも考える。例えば、産まれてきた自身の子どもに何かしらの疾患があったとしよう。それは子の父の、ないし母の生殖細胞系列に突然変異が起きたためで、いついつの時点で与えられた機会のもとで選択をしなかった、それゆえの選択の帰結であって、避けられた要因に依って子の疾患が起きたのだ、だからあなたとあなたの子は社会保障制度を受けられないと判断されたとき、自身の人生の後悔と未来への不安しか残らない。いま自身にそのようなことが起きていなくとも、そんな状況で安心して日々の選択を行って生きていくのは難しいだろう。

5　おわりに——死んでもなお生き続ける

「いや、わしは人を憎んでなんかいられない。わしには、そんな暇はない」

黒澤明「生きる」

先述の通り、平等主義的リベラリズムの観点に立てば、無知のヴェールのもとでは、人々は最も不遇の人の立場を最大に改善する分配形式を好む。しかし、功利主義的観点に立てば、他人の分配には関心を持たず、自分の分配にしか関心を持たない。主流派経済学のもとでは、このような利己的な人間像（ホモ・エコノミカス）を仮定し、また、政府が実行する再分配政策は、中位所得者（所得を低い順から並べたときにちょうど中央にあたる人）の分配を最大限にするような、中位有権者モデルが想定されてきた。所得分布は一般的に右に歪んでいる（少数の極めて裕福な人がいる）ために、中位所得者の所得は平均所得よりも低い所得しか得ていない。所得に比例して課税され、それを均等割りして再分配を行った場合にはこの中位所得者は利益を得るため、民主主義においては、中位所得者である低所得の人が望む再分配政策が行われて、過剰なものとなってしまう（Meltzer & Richard 1981）。

稼得能力の高い人すなわち所得が高い人がより多く負担をする仕組み（応能負担）に基づく所得再分配政策は、まさに機会の平等を担う機能を備えているから、豊かな人は強い再分配を望まないだろうと思われていた。

しかし、これまで行われてきた実験研究において、現実には、人は他人の分配を考慮した行動を取ること――これを社会的選好（利他性・不平等回避性・互酬性）という――が明らかになっている。ホモ・エコノミカスと実際の人間行動の相違を考える際によく使用されるのがゲーム理論で、近年ではこれらの実験研究によって、行動パターンについての研究が蓄積されている。ボウルズ（二〇一三）では、人が進化の過程において、他人が協力する限り自分も協力することによって集団全体の利益を向上させる正の互酬性と同時に、協力しない人を罰する負の互酬性も得てきたとする理論に基づいて、人が福祉国家を支えるのは、「強い互酬性」すなわち、「個人的に費用を負担しても、同じような状態にいる他者と協調し分かちあおうとする性向であり、また懲罰的に個人的に費用がかかり、将来的に個人的に純利得が得られると期待できなくとも、協調やその他の社会規範を侵害する人たちの懲罰をいとわない意思」（ボウルズ 二〇一三：一四九頁）に依るものだからだという。

すなわち、家族や友人、ご近所など周囲の人々がいることによって、一人一人の行動がかわってくるということである。携帯電話も世の中に自分一人しか持っていなければ、単なるおもちゃだが、持っている人が多くいることによってコミュニケーションツールとなる。このような機能を、外部性というが、人ひとりなら利己的であろうとも、周囲の人がいれば生まれる影響も外部性だといえるだろう。

周りを見渡した時、この強い互酬性にも濃淡がある。所得の違いもあれば、どうも周囲の人とのつながりの違い、また、人がどんな要素によって所得を稼いできたかにも関わってきそうだ。事実、再分配に対する選好を引き出すと、個人は環境要因よりもむしろ努力（または怠惰）に起因する所得格差を受け入れたがると示される（Fong 2001; Cappelen et al. 2007; Alesina & Giuliano 2011; Alesina et al. 2018）し、貧困である原因を怠惰として認識する傾向はアメリカで六〇%である一方、ヨーロッパでは二七%で（Alesina 2001）、日本は、アングロサクソン圏の結果と近いこと（川野 二〇一二）や、貧困である原因は社会的要因よりも個人的な要因と感じている人がやや多いことが明らかにされている（阿部ほか 二〇一九）。このような貧困の要因についてのサーベイ結果について、ボウルズ（二〇一三）は貧しい者が自立し、道徳的に正直であろうと十分に努めていないと感じたときには、支援を撤回すると解釈している。

人間の歴史の中で、このような社会的選好が備わるように、私たちは生きてきた、そうでなければ生き残れなかったともいえよう。特に日本では、高度経済成長の下で均一な社会様式（一九五八年の五三・七%から、一九六五年には七〇・七%と、第一次ベビーブーム世代が高等学校に入学する頃には七割を超えた）、生活様式（3Cと呼ばれる白黒テレビ・洗濯機・冷蔵庫）を達成し、一億総中流社会とまで呼ばれた。このような均一な生活・社会様式のもとでは、社会の一体感も生まれる。しかしその反面、一九九〇年代以降に日本経済が落ち込んでなお、一世代前に形成された規範を追い求め続けた結果、その様式から漏れる人たちが生活保護なり様々な社会保障制度のセーフティネットを受ける際に、そうなった要因を自己責任としたり、自己責任と自らを追い詰めてしまっているようにも思う。ボウルズ（二〇一三）の提唱する「強い互酬性」を持つ我々は、確かに、自力で立ち上がろうとする人には何とか助けようとする。それは翻って言えば、（他人から見て）働けるのに働こうとしていないなど、努力が足りてないと（他人が）判断したときには助ける腕を離したりすることとなる。

ホモ・エコノミカスを想定してモデルを作るのはなぜかというと、そこから導き出される答えが最も効率的な資源配分になるので、乖離して最適な資源配分になっていない現実への政策提言がしやすいためである。そのようにして社会システムを発展させてきたが、まだまだ改善すべきところがたくさんあるとはいえ、前述のように、人間を被験者とした行動実験研究が積み重なってくると、ホモ・エコノミカスへの反証もたくさん教えてくれるようになる。

これは、私たちが、政府の提供する制度とそれに対する人々の態度に不満や諦め、怒りを感じているとき、世界のどこかで研究者が真摯に立ち向かっている、とも言える。こうしたとき、今後は、人々の利他性・互酬性・不平等回避からなる社会的選好を引き出すような社会保障制度を構築していくことが重要というわけだ。そのような社会保障制度では、困っている人の目線――その人の合理性――にたって、周辺的環境すなわちたまたま不運にして不運に陥った人には「個人的に費用を負担しても、同じような状態にいる他者と協調し分かちあおうとする」(ボウルズ 二〇一三：一四九頁) ことになる。

若い世代も、将来世代も、たまたまその時期に、そこに生まれついてしまったという周辺的環境のために、前田ほか (二〇二二) の指摘するように一九五〇年代生まれが過ごした時代よりも豊かな消費を享受している側面もあれば、第2節でみてきたように不利益をも被っている。最後に彼らについて考えよう。

「人類の各世代を、一つの肉体内の生命の舞台に登場しては退場していくようなものとして、そしてどの時点をとっても舞台には一つの世代しかないようなものとして、理解すべきではない。各々の人間が他人と相互作用するとき、その他人の中には自分より若い人も年上の人も含まれており、このことによって、各人はわれわれ人類の極めて遠い過去からはるかに先の未来へ延びる一筋の連続的な相互作用の中に加わるのである。相互に利益をもたらす協力は、ことなってはいるが、部分的に重なり合う世代の人々を直截的に含んでおり、このことが歴史を通じて伸びる協力の間接的な連結を創出する。各々の人間は自分より以前の世代と協力する際の条件を考察するとき、後の世代の人々とも同様な条件を確定する必要があることを念頭に置かなければならず、引き続いてこれら後の人々もさらに後の世代のメンバーと協力する必要性を念頭に置かねばならない。このようにして各個人は、たとえ同時代人と合意する際にこれらから生まれてくる人々を顧慮することなく世界の資源を使い果たしてしまうことに合意する用意があるとしても、時の経過を通じて何らかの合意を続けていく必要があり、死去する人々との合意が消滅するときに誕生する人々へ合意を拡張していく必要があることから、合理的人間の間で合意の条件が常に一定であることが保証され、従って世界の資源を使い果たすような選択肢が合意によって採用されることはありえない。」
（ゴティエ 一九九九：三五一－三五二頁）

一世代前に形成されたものがなくなり、その文化的遺産を享受できるものがいなくなるという考えが我々の生活の意味を深刻に脅かしていることになる。私たちが叡智を注いで、次世代に尊重されたいと作り上げてきたものの一つが社会保障制度ではないだろうか。我々の幸せは、我々の後にも世界が存続するおかげだとすれば、我々が将来世代に配慮をする責任があるだろう。

確かに、Gardiner（2009）の指摘する通り、暫くたって初めて人類に影響を与えるものもあるかもしれない。実際に、原爆は六〇年経って「第二の白血病」となり、再度人々を苦しめている。私事にはなるが、広島で被爆三世として生まれて、救助のために八月七日に疎開先から市内へ入り、救助を行ったために、次世代への悪影響を懸念し続けた祖母を持つ私は、どうしても核兵器の使用は許容しがたいし、原爆の長期的な侵食や、次世代への影響を全く思い当たらなかった、という言動が出てきたならば厳しくあたってしまう。

その他、私たちのあずかり知らない周辺的環境によって大幅に制度が悪化し、その時に現役世代となっている将来世代より前の世代は責任を負わない、というのは冷淡かもしれない。しかし、繰り返しのようになるが、日々積み重ねられている叡智による可能性を信じたい。経済学を中心として社会科学を学んできた者としては、他の分野の科学者の日々進む叡智が、一当事者としての私の希望でもある。

経済学分野で取り入れられている「フューチャーデザイン」アプローチ、すなわち現役世代の意思決定の文脈において、「仮想将来世代」を設置することで、将来世代の「ボイス」を仮想的に顕示させることにより、つまり様々な問題のサステイナビリティを考える取り組みによって、世代間格差を社会保障制度で乗り越えていくことができるのではないか、と考えている。

【謝辞】本章は、同志社大学の笠井高人氏、関西大学大学院哲学専修博士後期課程の加藤千佳氏とUNESCOの福原隆一氏から有益なアドバイスを頂戴した。重ねて感謝申し上げる。

＊　＊　＊

【読書ガイド】

・A・V・バナジー、E・デュフロ『貧乏人の経済学――もういちど貧困問題を根っこから考える』山形浩生訳、みすず書房、二〇一二年〔解題〕筆者は、不平等や不条理に関心があり、将来は国際NPOで恵まれない人の救済をすることを志していた。しかし、慈善団体から送られてくる資料で長年貧困に喘ぐ子供を見るとき、高い志と頭脳を持った人達が長年貢献して変わってない事実に不思議を感じた。経済学は意思決定についての学問だが、本書は貧しい人々の意思決定に着目した一冊である。社会福祉を志す人にもおすすめの一冊。

・橘木俊詔『貧困大国ニッポンの課題――格差、社会保障、教育』人文書院、二〇一五年〔解題〕格差問題についての第一人者である橘木による概説と個別の格差についての実証分析とその対策についての一冊である。表紙に描かれている通り、格差・社会保障・教育に関心がある者には導入書として非常に役立つ。

・河上肇『貧乏物語』岩波文庫、一九六五年〔解題〕河上によれば、富は道を聞くという人生の目的を達成するためであり、貧乏であることがこれの妨げになるから解決しなければならないという。裕福な人がお金にまかせて贅沢品を買っては消費していることを制約すれば貧乏が根絶するという。この贅沢品を、オマール海老や宝石に限らず、基本的な欲求の充足にその役割が限定されないすべての財と考えたとき、確かに持続可能な地球と社会になる。

第4章　人権を保障する公正な世界をつくるには
——「ビジネスと人権」と私たちの力から[*1]

1　人権の侵害と人権の保障

人権と、私たちの生活は、緊密に結びついている。日本に住むだろう私たちの多くは——多くの外部こそ考えられるべきでもあるが——、例えば、自由に考え、対等者として政治的な決定に参加し、初等教育を受けられることを、当然のこととしている。それは、単に憲法のような国家法によって自由権・参政権・社会権として保障されているからのみならず（芦部 二〇二三：五章）、私たちがそう

＊1　本章の執筆過程で、村田学術振興財団研究者海外派遣援助およびJSPS科研費21K12821の支援を受けた。記して感謝する。また、「ビジネスと人権」を素材に、国際人権法学と哲学の関係について、国際人権法学会編『国際人権』35号にて論じる予定である。本章の姉妹篇として、一定程度重複する主張を国際人権法研究者を念頭に示すものとなるが、ご関心のある読者には参照を乞いたい。当該学会運営にお力をいただいた方々——例えば根岸陽太、山元一、南野森、伊藤和子、谷口真由美の各先生——、また本書編者の神島裕子先生と長田怜先生に感謝する。

したことの価値を受容し重視しているからでもある。後者の例証として、その侵害を考えてみればよい。合理的と思われる理由もなく、共に考える集会を行うことや私たちの代表を選ぶことをあなたが禁じられたと想像しよう。あるいは、品位が貶められると考えられるような生活を送っているとあなたが自らみなすようになったと想像しよう、あるいはその記憶を想起しよう。そのとき、あなたは、自らにとって、社会の中で生きる上で重要なものが毀損されていると捉えるだろう（こうした把握は、国家による禁止や無視のみならず、たとえば誰か権威的な存在との関係でもなされるだろう）。

　他方で、私たちの生活は、誰かの生活を支えるべき人権が侵害されることと結びついているかもしれない。例えば、本章が考察の定点とする「ビジネス」と関わる場面においては、こうした懸念、あるいは訴えは、多くの人々から示され、哲学者（政治・法哲学者）も応答しようとしてきた。

　一九九〇年代初めには、例えばスポーツ用品メーカーとして著名なナイキ社について、人権活動家やメディアが、その下請け工場における問題として児童労働や長時間労働、体罰などを報道した。その結果、バルセロナ・オリンピック（一九九二年）とも関わった同社は多くの批判を浴びた（ラギー 二〇一四、華井 二〇一六：五八頁）。あるいは、二〇一三年には、多くの著名ブランドの服を生産していたバングラデシュの縫製工場ラナ・プラザが崩壊し、一一〇〇人以上が亡くなり、二五〇〇人以上が負傷した。こうした状況に対して、多くのNGO（非政府組織）が「責任をとろうとしない企業」にたいして批判を展開した（伊藤 二〇一六：一八頁）。これらの、「反労働搾取工場運動《アンチスウェットショップ》」に対応して、例えばフェミニスト哲学者アイリス・ヤングは、そうした工場が存在する社会構造における私たちの責任を考察し訴えた（Young 2003、ヤング 二〇二二）。

さらには、本章でも触れることになるように、採掘される鉱物の購買が、武装勢力や問題のある統治者を支えてしまい、人権侵害の要因になるとも指摘がされてきた。例えばコンゴ民主共和国では、貧困永続や、その土地を支配するための脅迫・性暴力等の要因として、スズ・タンタル・タングステン・金などの鉱物が問題化された（ムクウェゲ 二〇一九、木山 二〇二三b）。結果、原材料の採掘から消費者に至る調達・製造・販売等のつながり——サプライ・チェーン——において、こうした紛争鉱物が含まれるかが関心の対象となってきた。こうした状況に対し、政治哲学者ライフ・ウェナーは、サプライ・チェーン内で人権侵害等が含まれていても、ビジネスの過程で紛争鉱物に対する法的権原（所有権）が移行されてしまうことに悪性を見出し、クリーン貿易法等の提案を行った（Wenar 2016、木山 二〇二二：九章）。

これら哲学分野の応答と並行し、近年では、実践においても、グローバル化したビジネス活動の人権への負の影響に対処する「ビジネスと人権」と呼ばれる取り組みが興隆している。そして、前述のようなアパレル産業・紛争鉱物における課題に関する取り組みは、「ビジネスと人権」における典型事例とみなされるようにもなっている（Newton 2019）。

本章ではまず、こうして運動や実践においても、あるいは哲学的にも注目されてきた「ビジネスと人権」の領域の中で近年顕著となっている潮流、つまり法化の潮流に注目する。法化という表現によって意味されることは多様な論者によって異なるが（田中 二〇一一：一〇二–一〇三頁）、ここでは、強制力のバックアップ等を伴う拘束力ある法によって、設定された目標（本章の文脈では人権実現）を達成するという状況の出現を示すものとして用いる。また、強制力を背景とする法（ハードロー）と異なり、強制力によって裏付けされているわけではないが、一定の有効性をもつルール群を、ソフトローと呼ぶことが近年広く定着している（松尾 二〇一九：二四頁）。上記の法化は、ハードローに関わるものである。本章は、こうした法化の潮流に関する考察から、人権を保障する公正な世界を作る道筋について参照項を示し、読者諸賢が考えるための一助としたい。

あらかじめ本章の主張を述べるなら、以下である。「ビジネスと人権」の実践において、その実現を導くべきは、私たちの尊厳を守るための道徳的権利であり、あくまでもその手段として、国家法や国際法は位置付けを与えられるべきである。同様に、近年人権の実現手段として注目されるグローバル・タックスのような税の構想、および関連する法を重視する世界秩序構想には、少なくとも人権との関連で言えば、あくまでも多様な実現手段の一つとして限定的位置付けが与えられるべきである。

これらを主張するため、本章はまず、今日に至る「ビジネスと人権」の実践における重要文書「ビジネスと人権に関する指導原則」について、その策定の中心にいた国際政治学者ジョン・ラギーの認識、および彼が依拠する経済（哲）学者アマルティア・センの議論を確認する。次に、今日では、ラギーの構想と異なり、国内法・国際法双方における法化の潮流が顕著になっていることを確認する。しかし、本章は法化の限界を指摘し、道徳的権利を基盤とした多様な人権実現の方途こそが望ましいと論じる。さらに、本章の議論の含意を探る形で、人権課題に対処するにあたって、あるいは本章の論じるところからすれば、道徳的権利を実現するにあたって、租税、及び関連する三つの世界秩序構想がもつ意義と限界を考察する。最後に、人権に依拠しながら公正な世界を構想する上での課題をいくつか提示する。

2 「ビジネスと人権」と指導原則──ラギーの枠組み、セン、道徳的権利

「ビジネスと人権」については、その興隆の起源を奴隷貿易時代に求める説明もあるし（Bernaz 2017）、そう捉えることが過去の語彙や運動から参照点を得るという意味で、私たちにとっても認識的な利点を生むように思われる──この点については後述する。とはいえ、今日の「ビジネスと人権」に関わる最も基本的な文書が、二〇一一年に国際連合人権理事会において採択された、「ビジネスと人権に関する指導原則」（以下指導原則）であることに、実務家・研究者の間で広い同意がある（A/HRC/17/31）。この文書は、当時、国連活動のすべてにおいて人権を重視しようとしていた「人権の主流化」の動きと関連する。「人権の主流化」を提唱していた国際連合事務総長コフィ・アナンによって「人権、多国籍企業およびその他の企業活動に関する特別代表」に任じられたのが、国際政治学者ジョン・ラギーであった。企業を人権の観点から位置付けるための考察や協議を多く行ったラギーは、この役割の決算として、人権の「保護・尊重・救済」の枠組みを示した。そして、その実施のため、「国家やビジネスがとるべきステップを詳しく説明した」文書が、指導原則である（ラギー二〇一四：七頁）。[*2] ここでいう保護（protection）は、人権を保護する国家の法的義務を、尊重（re-

＊2　「人権の主流化」におけるラギーの影響力は、「ビジネスと人権に関する指導原則」の策定にのみ見られるのではない。ある日本の外交官は、ラギー自身がそれに先行するイニシアティヴ、グローバル・コンパクトの影の発案者だと自ら述べていたと報告しているし（田瀬　二〇二一：一四頁）、ラギー自身そう自認する（ラギー　二〇

spect）は、人権を尊重する企業の責任を、救済（remedy）は犠牲者が救済にアクセスしうることを指す（A/HRC/17/31, para 6)。

こうして指導原則の策定における中心にあったラギーが言うところ、この文書の成立は、国家による人権の「法的執行（legal enforcement）」を前提としたそれまでの発想からの転換でもあった。ラギー自身が、国連におけるそれまでの「ビジネスと人権」の動き、特にその失敗を、以下のように総括している。一九九〇年代に、企業活動のグローバル化を背景に、国連人権委員会は、「人権に関する多国籍企業と他のビジネス組織の責任に関する規範」という文書を起草しようとした。これは、ほぼ条約の形（国際法の形式）で、人権と関わる義務を、企業に課そうとするものだった。しかし、当該文書起草に対し、「国家に帰属すると企業が考えている責務を企業に移転する「人権の民営化（privatization）」」であるとビジネス界は反対し、その結果、この試みは頓挫してしまった（ラギー 二〇一四：三頁）。

こうした国際法化の失敗という経験を重く受け止めていたことに加えて、ラギー自身は、そもそも法への焦点化に懐疑的な視点をもっていたことが注目される。彼は、多くの法律家やアドヴォカシー団体が焦点化する裁判所等での「司法的救済（judicial remedy）」よりも、防止的手段の方が、しばしば「よりすぐに履行でき」（ラギー 二〇一四：三四頁）、また有効であると考えていた。

こうしたラギーの認識を導いていたのは、アマルティア・セン——一九九八年にノーベル賞を受賞している人権理論にも貢献が大きい経済（哲）学者——の議論に依拠ないし共鳴して展開された（ラギー 二〇一四：二二一–二二三頁）[*3]、「原理にもとづくプラグマティズム（Principled Pragmatism）」である。すなわち、人権の「保護・促進」においては、「人々の日常生活」で変化を生み出すことがもっとも重要であるとするプラグマティズムである。ラギーがそこで描いたのは、（拘束力ある）法を中心とするのではなく、「広く分配された努力と、蓄積された変化のモデル」（ラギー 二〇一四：三一頁）によってこそ、人々の人権が実現されるということだった――なお本章では、〈人権の実現〉という表現で、人権が保護を企図している利益が人々によって享受されるという事態を意味させる。こうした人権の実現のため、多様な努力が組み合わさり、相互補強的になるためには、そうした努力の参照点として機能する「権威ある焦点（authoritative focal point）」（ラギー 二〇一四：三一頁、A/HRC/17/31: para. 5）が必要となると考えたラギーは、そうした焦点を提供するものとして指導原則を位置付けた[*4]。

ラギーが共鳴したセンによる議論、なかでも中心的には法的に実現されるものとして人権を捉えることに対するセンによる批判を、もう少し確認しよう。センの主張は、人権が機能を果たす空間を理解し、その実現を目指す上では、「法的な動機づけ」「実際の法制化」「司法的執行」といった法によ

一四：一四－一五頁）。

＊3　ラギーにおけるセンへの依拠には、Tasioulas（2018）も注視している。

＊4　とはいえ、もちろんラギーとセンの差異に注意を払われたい。例えばラギーの示した指導原則は、「権威ある焦点」の対象となる人権内容について、「国際人権章典」と「労働における基本的原則及び権利に関するＩＬＯ宣言」に示される国際的に承認された権利を述べ、それが内容の確定性を担保している（A/HRC/17/31: Annex II.A.12）。他方センは、皆が同じ人権内容を同定する必要はなく、あくまでも同意できるなんらかの範囲への到達が重要であるという（Sen 2012, p. 97）。

る機能の把握では、部分的なものにとどまる、ということだった(Sen 2006, p. 2916)。センによる論拠のうち、主たるものは以下である。第一に、人権は、法があって初めて理解されるものではない。そもそも、人権条約のように法制化がなされる際には、それを導く人権に関する信念があった、あるいはあるはずである。そうであれば、法があってこそ人権が機能すると捉える視点は、誤っている。人権は「法の後にある(post-legal)」ものではないというのだ(Sen 2006, p. 2917)。

第二に、人権は、法化のみを導くのではない。確かに、(本章でも「ビジネスと人権」に即してみるように)人権の観念が法制化を導くこともあるし、法化は人権の実現においてしばしば重要である。しかし、そもそも、人権を有効に保障する手段は、多様である。例えば指導原則のような国際文書によって人権の承認(recognition)がなされるだけでも、人権に関して有効なあとおしとなるし、人権の履行(implementation)においても、NGO等による社会的プレッシャーが有効に機能することもある(Sen 2006, p. 2920)。後者の例として、セクシャル・ハラスメントや性犯罪に対してなされた、ミー・トゥー運動(#Me Too)を考えてみれば、公共的なキャンペーンによってこそ、人権が実現されていく姿を把握することができる(セン 二〇一九:一三頁)。そうであれば、私たちは、人権を「法の前にある(proto-legal)」ものとしてのみ捉えてはならない(Sen 2006, p. 2917–2920)。法の言語に人権の語を「監禁」するのではなく、むしろ人権を、私たちが人間であることによりもつ利益を理由として保有される道徳的権利——法や社会慣習に先行する形で道徳的重要性を有する権利——として理解すること。そして、その請求(claims)の保護・促進のための回路は、法以外にも存在していること。それらのことを重視すべきだとセンはいうのだ(Sen 2006, p. 2919)。

以下、まず、人権を有効に保障する、あるいは実現する手段として、法による制度化に焦点化することの問題を、「ビジネスと人権」に関する法化の潮流を検討することで明らかにしていきたい。その際には、「ビジネスと人権」をめぐり、法化が負の効果をもちうることを指摘し、ラギーやセンが示していたような、法を特権化しない人権の理解が重要であるという主張を補強する。次に、人権を実現するにあたり、グローバル・タックスの意義を強調する幾つかの議論を検討することで、本章が主張する人権の理解が国際秩序構想について持つ含意も、明らかにしていきたい。

3 「ビジネスと人権」における法化の潮流

「ビジネスと人権」をめぐる近年の動向において注目されるのは、今日では前述のラギーの枠組みから離れる形で、法化の潮流が現れていることである。そもそも商品の原料が調達され、消費者に販売されるまでの一連の流れはサプライ・チェーンの言葉でビジネス界において広く用いられる。そしてこのサプライ・チェーンにおいて、人権リスクを特定し、その防止や軽減、救済の取り組みを行うことは、人権デュー・ディリジェンスの言葉で定着しつつある。例えば、人権保護について懸念がもたれる地域における事業について調査し、監査を行ったり、問題を発見する場合には改善を働きかけたりすることがこれにあたる。そして、後述するようにアパレル産業や紛争鉱物に関し、この人権デュー・ディリジェンスについて、国内法レヴェルで法制化が進みつつある。また、関連して国連を中心に条約化を目指す動きが強まっている。まずは、人権デュー・ディリジェンスおよびその開示と関連する、国内法による近年の法化の動きを見てみよう。

広く知られるところだと、英国（二〇一五年）やオーストラリア（二〇一八年）においては、「現代奴隷法（Modern Slavery Act）」が制定された。すなわち強制労働等の隷属的な労働や人身取引に関して、一定程度の売上高を持つ企業に対し、自社や下請け企業におけるデュー・ディリジェンスに関するステートメントの公表を法的に義務化した。あるいは、米国では米国貿易円滑化・貿易執行法（二〇一六年）に基づく関税法の改正により、強制労働により生産された製品の輸入は禁止されることになった。関連して、二〇二一年一二月にはウイグル強制労働防止法により、新疆ウイグル自治区からの製品の米国への輸入が原則的に禁止されることになっている（高橋 二〇二二：六八頁）。こうした法的な動きのさなか、二〇二一年一月に、著名なアパレル企業ユニクロ（ファーストリテイリング）社の新疆綿を用いた製品の輸入が、実際に米国貿易円滑化・貿易執行法によって差し止められた。こうして、国内法による強制力ある規制によって企業の「リスク管理」を求める方向が強まっている（週刊東洋経済 二〇二二：一一頁）。

アパレル産業のみならず、紛争鉱物に関するデュー・ディリジェンスにおいても、国内法が用いられている。特に、米国においては、オバマ政権のもとコンゴ民主共和国からの紛争鉱物を規制するドッド・フランク法（ウォール街改革、および消費者保護に関する法律／Dodd-Frank Wall Street Reform and Consumer Protection Act）が二〇一〇年に制定された。これは、コンゴ民主共和国およびその周辺国における武装勢力からその資金源を断つことを目的とした第一五〇二条（紛争鉱物条項）において、以下を定めている。まず、米国証券取引委員会（SEC）により規制される企業に対し、その製品がコンゴ民主共和国ないし周辺対象国（the covered countries）に由来する鉱物を含んでいるか調査報告を求める。そして、そうした鉱物を製品が含む可能性がある場合には、デュー・ディリジェンスの上で、証券取引委員会への年次報告とウェブサイトでの開示を義務付ける。

同様に、「ビジネスと人権」と関連し、国際法における法化の潮流も見られる。特に、条約の形で多国籍企業を規制する方向が示され、これは、例えば二〇一四年六月の国連人権理事会における2つの決議の採択に象徴される。すなわち、南アフリカやエクアドルを中心とした努力によって「国際的な条約締結による法制化へ向けた国連の作業部会の設置」が決議され、同時に、そうした法的拘束力を持つ文書の効果と限界に関する決議も採択された（菅原 二〇一六：五四頁、下田屋 二〇一九、坂元 二〇二〇：八頁）。前者における条約案は二〇一八年七月に国連人権高等弁務官へ提出され、その後修正条約案も提示されるに至っている。

4 「ビジネスと人権」における法化の善性と悪性

もちろん、こうした国内法・国際法における法化の潮流には、肯定的に評価されるべきところが多くある。第一に、人権侵害を防ぐ上で、肯定的に評価されるべき点も多い。例えば、ドッド・フランク法の立法は、それ自体が、人権侵害を防ぐ「責任ある採掘」へのアドボカシー効果を持つ。加えて、サムソンやパナソニックのような、直接的にはドッド・フランク法に規制されない企業に対しても、競合他社と同様に、デュー・ディリジェンスに関する自社情報のウェブサイトでの開示を促した。これはおそらく、人権実現に関する改善と評価しうるだろう（Newton 2019, pp. 137–138）。

第二に、法的制度化自体が、（人権の実現それ自体とはひとまず独立に）道徳的に重要な価値を体現するかもしれない。例えば、法的制度化による、各企業における均衡のとれた負担の実現や、競争条件の対等化は、道徳的にも大事な考慮事項の一つである。実際、いわゆるレヴェル・プレイング・フィールドが「ひとつの合言葉」として登場していると、「ビジネスと人権」に関する研究者によってしばしば報告される（菅原 二〇二二：三八頁）。レヴェル・プレイング・フィールド（同じ高さの競争条件）の要求とは、例えば人権デュー・ディリジェンス等の取り組みを行う企業が、競争に置かれる他企業に対してコストの観点から不利にならないように、諸企業の活動の前提となる条件を同様に形作ろうという要求である。国内においても、法化によってこの競争条件を確保することについてビジネス界の要求が大きくなった（濱本ほか 二〇二二：二一－二二頁、週刊東洋経済 二〇二二：三五頁）。国際的にも、自国が「ビジネスと人権」に関して取り組みを行う際、他国が同様の条件が課されていなければ自国企業の損失になると主張される。例えば、各国の「パッチワーク」規制ではなく、EU全体における「共通のフレームワーク」としての規制が求められる背景にも、こうしたレヴェル・プレイング・フィールドへの要求がある（山田 二〇二二：一六頁）。

しかし、こうして法化に意義が正当に見出されるとしても、それが人々の利益状況――人権が保護を企図する利益の状況――に負の影響をもたらしうることもまた、認識されるべきである。例えば、立法が人権の実現状況悪化を部分的にはもたらしうることにも、留意が必要である。先のドッド・フランク法についても、負の影響が報告されている。天然資源と関わる人権侵害について注視するNG

Oグローバル・ウィットネスが報告するところ、ドッド・フランク法の影響によって、コンゴ民主共和国と関わる「いくつかの企業は……、より責任ある仕方で関与し続けるのではなく、サプライヤーに対して、その地域から完全に撤退することを奨励する」ことになった（Global Witness 15. Nov. 2017; Newton 2019, p. 138）。この結果、多くの零細採掘者（artisanal miners）の生計に負の影響が生じたことが報告される（同様の指摘ないし危惧として、華井 二〇一六：二二五-二二七頁、木山 二〇二三b：一八五頁）。だとすれば、こうした国家による法化の悪性、特に、少なくとも部分的には誰かの人権と関わる利益状況を悪化させることも考えられねばならない。

5 「ビジネスと人権」における実現を支えるのは何か

前述の零細採掘者への影響が示唆するのは、「ビジネスと人権」に関する法化が、関わる人々の利益状況——特に道徳的人権が保護を企図する利益の状況——に常に肯定的に影響するわけではない、ということだ。そうであるなら、そして、人々の人権と関わる利益状況こそが保護・増進されるべきなら、法的手段のみならず、多様な主体による多様な施策・運動・行為が求められることになる。まさに、ドッド・フランク法の悪性についてNGOが報告をして注意を喚起し、市民がそれに基づいて、行為をする、といったように。人権の実現において、法にのみ注視することは適切ではないのだ。

こうした主張は、これまで「ビジネスと人権」の実現を後押ししてきたことがらに関する理解によっても補強される。近年日本でも、例えば経済諸誌で「ビジネスと人権」に関する特集が組まれ、ウイグル、ミャンマー、香港等の人権状況への注視とともに（週刊東洋経済 二〇二二：一四頁）、企業に対する諸NGOによる格付けへの関心も増している（週刊東洋経済 二〇二二：二二頁、週刊エコノミスト 二〇二四年四月九日号）。一例としてビール会社を考えてみよう。一方で、代表的なビール関連企業キリンホールディングスは、特にミャンマーにおける国軍系企業との合弁企業に関わってきたことが報道され、大きな損失を計上した。他方で、やはりビール関連企業のアサヒホールディングスは、国内外のサプライチェーンを点検し、例えば技能実習生の労働環境を人権リスクとして発見し公表している（週刊東洋経済 二〇二二：三七-四七頁）。こうしたことは、人権リスクを放置することで、企業価値へ大きな影響が生じうることを意味している。では、私たち、あるいは一定数の市民・企業人等の注視は、何によるのか。確かに、その文脈として、例えばビール会社の事業地域として英国が存在し、現代奴隷法への対応があると指摘されることもある。しかし、私はそれを超えて、「ビジネスと人権」に関する実現を担保してきたのは、道徳的権利の重みであると主張したい。[*5]

第一に、国内レヴェルで言えば、二〇一七年から二〇二一年の、ドナルド・トランプ大統領の政権時に、国内法が人権尊重の方向には向かわないと考えられたことに対応して、強制力を伴わない多様な規制の仕組みが生起したことは注目に値する。トランプ政権においては、環境的・社会的・ガヴァナンス的な配慮は向上しないと考えられ、例えばドイツのアラベスク社のような評価会社によりESGスコアが公表されたり、多様なベンチマークが示されたりすることによって、企業の統制がなされた（佐藤 二〇一九）。これは、投資先の選択の能力を有する投資家、あるいは企業への支持・不支持を示しうる市民を背景とし、国内法の執行力とは独立に企業行動を統制するものと解される。

第二に、国際的レヴェルにおいても、国際法ではなく道徳的権利の重みがビジネスと関連する人権の実現にあたって、基底的であると考えられざるをえないように思われる。この点について、著名な政治・法哲学者たちのあいだで「ビジネスと人権」を実現するものの解釈の違いが存在する。そこで、その評価を通じて、私は、道徳的権利と、その保護・促進を目的とする多様な制度と行為の重要性を主張したい。

キングス・カレッジ・ロンドンにおける「国際法の哲学」客員教授も務めた政治哲学者アレン・ブキャナンは、指導原則を、国際法における人権に付随的なものとして位置付ける。すなわち彼は、「国際法的人権が、重要な効果を、間接的な仕方でもつ」例として指導原則を挙げる（Buchanan 2013, p. 25）。そして特に、「国際法的人権システムが非国家主体に明確な責務を割り当てていないという限界」（Buchanan 2013, p. 283）のなかで、国際法的人権システムを改善する「新しい法的規範の出現に向けた第一歩」として、指導原則を位置付ける（Buchanan 2013, p. 284）。つまりブキャナンは、国際法の中にとどまりながら、国際法の改善を示すものとして、指導原則を捉えるわけだ。

他方、オクスフォード大学の法哲学者ジョン・タシオラスは、指導原則を「法的原則」として捉え

＊5　こうした人権侵害とその市民・他企業・組織による統制が、他国実定法の考慮のみによるものではないことは、例えばビール等も国内で展開する企業ＤＨＣの会長が、在日コリアンに対する差別を繰り返した際に、以下のような多様な応答がなされたことからも確認される。市民によって不買運動がなされ、日弁連により調査報告書と警告書が示され、取引先企業によってＤＨＣに対し改善への働きかけがなされた（毎日新聞 二〇二二）。

てはならないという。確かに指導原則の内容は人権法に関する文書を参照しているけれども、「[指導]原則が国際人権法からある意味で導出されているからといって、指導原則が法的原則であるということにはならない」(Tasioulas 2018, p. 78)。特にタシオラスは、一九四八年以降の人権文化が、「狭く法的な性質をもつだけではなく、より広い意味で道徳的・政治的運動である」ことを強調する。家庭内での家事や意思決定に関する性差別主義的慣行を批判してきたフェミニズム運動が示すように、人権文化は、法の問題とは独立のものを含んでいるというのだ(Tasioulas 2018, pp. 78-79)。こうしてタシオラスは、指導原則を国際法よりも広い、道徳的・政治的人権文化の中に位置付け、関連する人権実現の努力を、国際法の言語に回収されないものとして捉えることになる。

私は、この対立において、タシオラスによる議論を補強しながら、彼による把握の方が適切であると主張したい。

それは、人権の実現を目指す営みにおいて、道徳的権利のもつ力が基底にあると考えざるをえないからである。そもそも、法哲学者デイビッド・ルーバンがいうように、国際法における人権が侵害された際に、人権実践が提供してきた主な「救済的スキーム」は、法的執行ではない。というのも、国際法は十分な執行力を有していないからだ。例えばそもそも、人権条約上の権利を侵害された個人が国連の人権委員会に通報する個人通報制度について、日本も含め多くの国は締約していないし、締約しても個人通報制度やその実施機関としての人権規約委員会は、あくまでも国家の注意を引くものにすぎない。むしろ救済的スキームにおいて重要であったのは、「シェイミング(恥の付与)」と「国際的な怒り(outrage)」であると、彼は観察する(Luban 2015, p. 268、木山 二〇二三a:六四頁)。では、シェイム（恥）や怒りの動員（mobilization）は、何によって可能になるのか。ルーバンの考えでは、その答えは、「国際法的」権利（あるいは「国際的」権利や「法的」権利）ではなく、道徳的権利、さらにその基底にある尊厳の道徳的重みである。

ルーバンの推論は以下のようなものである（Luban 2015, p. 269、木山 二〇二三a：六五-六六頁）。彼は、道徳的権利ぬきの国際法的権利が存在する仮想世界を考えてみるように要求する。仮に、ある仮想世界において、国際法における人権が、道徳的権利と関連する人間の地位と結びつきを持たないのなら、「人権」の代わりに、「超国家的法的請求権（transnational legal claim rights）」という言葉を用いても良さそうである。そうした世界を描いてみよう。この世界では、ヒューマン・ライツ・ウォッチはトランスナショナル・リーガル・クレイム・ライツ・ウォッチとなる。しかし、この世界では、そうした権利の、あるいは権利主張団体の訴求力はかなり落ちていくだろう。ルーバンがいうところ、そこで想定される理由は、恥の動員を担う主体が、「人」権という概念になんらかの道徳的重みを見出し、シェイミングをしたり、怒りを覚えたりしているだろうことだ。つまり、「法的」だからとか「国際的」だから、重要と捉えられているのではなく、人間であることに基づく権利だからこそ、人権は重要と捉えられている、そうルーバンはいう。そして、こうした「人」であることによって保持される道徳的権利の基礎として、ルーバンは尊厳があるのだろう、と考える。もちろん、「国際的」あるいは「法的」だから魅力を感じる人がいるにせよ、こうした議論から、少なくとも道徳的権利が一定の機能を果たしていることは推察される。

そうであれば、結局のところ、国際法に書かれる法的権利であるということではなく、人々が持つ道徳的権利の重みが、「ビジネスと人権」の実践における人権の実現を支えていると捉えられるべきである。

6 「ビジネスと人権」において、法のみならない、多様な人権実現の回路を大切にすること

そして、人々がもつ道徳的権利の重みから、人権の実現を考えることは、いくつかの点で有益である。

第一に、法とは異なる形で私たちが、あるいは私たちの先行者たちが、社会を変革してきた姿を、適切に捉えることができる。そして、それによって私たちが現在採用することのできる選択肢を適切に把握することができる。一例として、「認識的保守主義」を考えよう。ライフ・ウェナーは、サプライ・チェーンにおいて人権侵害が生起していても、人々の関心が向かないという事態を、「認識的保守主義」と呼ぶ。ウェナー自身は、こうした認識的保守主義を崩すには、国家による立法が重要であると考える。それは、現在合法であるなら、人々の関心が向かないと彼が考えるからだ（Wenar 2016, p. 78、木山 二〇二二：二四四頁）。しかし、こうした市民の認識的保守主義に対処する上でも、法化ではなく道徳的権利の重みこそが重要であってきたように思われる。市民の認識の変化における歴史を振り返るなら、先にタシオラスによる指摘も見たように、その変化は、道徳的権利にもとづく運動が導いていた。例えば、「ビジネスと人権」における先行事例として重要な奴隷貿易の廃止をみても、イギリスで奴隷貿易、さらにそれに続いて奴隷制をまず問題化したのは廃止論者（abolitionist）たちの運動であった。確かに、奴隷貿易・奴隷制廃止が成功した要因として、そうした廃止へリーダーシップを発揮した国会議員ウィリアム・ウィルバーフォースらの活動や、奴隷制を維持したフランスへの敵意など、複数の要因を挙げられるだろうが（Bernaz 2017, pp. 34-35）、それらの文脈を運動が用意したとは言えよう。こうした形で過去の運動を参照しながら私たちが人権実現を目指すことができるとすれば（江島 二〇二一：三一－三二頁）、法を特権的に重視することは、私たちの社会が、人権が保護を企図する利益の状況を改善していく、重要な回路を見落としていることを意味するだろう。

第二に、関連して、「ビジネスと人権」に関する権利侵害状況の追跡を可能とし、侵害の生起を防ぐ回路は、過去と比してもなお、近年において現れつつある。それは、法を用いる回路、つまり、国家単位で、あるいは国際法と関連する機関によって収集される情報に基づく回路には限定されない。「ビジネスと人権」の領域において、例えば、世界的なＮＧＯの一つ、ビジネスと人権リソースセンター（The Business & Human Rights Resource Centre）による企業ポリシーのレジストリは、政府運営のレジストリ制度等と協働しつつ――確かに政府の制度による吸収もある（絹川 二〇二一：六〇－六一頁）――、各企業の行動を追跡している。こうした活動は、実際に生起する侵害に対し、ネイミング（企業等の名指し）やシェイミング（恥の付与）を通じて市民・投資家等が統制する基盤を提供するし、さらに報道等による論点の形成といった形をとることもある。そうであるなら、国家法や政府による規制に限定されない多様な回路で人権侵害を追跡する可能性を承認することが、人権の実現にとって重要となる。人権状況に影響を与える各主体の活動についても、典型的には世界銀行等国際金融機関における施策評価があたるが、[*6] 個別の政策、計画、事業の策定・実施に関する評価（人権影響評価）が盛んとなっている――「ビジネスと人権」についても企業が人権影響評価を行う実践が生起しつつある（棟居 二〇二一）。[*7]

第三に、仮に前述のように、人権の実現を目指すにあたり、国家法・国際法が課題を含みつつも有益であり、加えて、運動・NGO・国際機関・市民など、多様なアクターの努力が重要であるなら、それらの努力を改善したり、提案を行ったり、あるいは法の解釈を行ったり、さらにそれらの複合を導いたりするための理念が必要である。

例えば、望ましい法規制の範囲・内容およびその解釈には、いくつもの選択肢がある。「ビジネスと人権」との関連においては、国内法における法制化は、主に、人権デュー・ディリジェンスの法制化と、開示の法制化として提案されてきた。しかし、法制化においては、例えば各業種で人権リスクが異なるがゆえに、どの人権に関するデュー・ディリジェンスを求めるか――当該業種で焦点が当たらない人権についてNGO等に委ねることは適切か――といった問いも生起する。さらに、開示の法制化についても、例えば日本であれば、内閣府令における非財務情報としての記載・有価証券報告書における記載・金融商品取引法等を通じた開示といった、複数の選択肢がある（濱本ほか 二〇二二：二二–二三頁）。こうして、用いる法制度とその様態、法規制とその外部の関係について、複数の選択肢がある以上、望ましい複合の像が求められることになる。その際には、そうした複合を導く理念が必要となる。

あるいは、より広く見れば、国内法・国際法、運動における権利の言語は、連続性を有する。例えば、国際人権法と各国憲法は、その解釈における法理において相互に参照し合う関係にあるし（木山二〇二三a：八五頁）、NGO等の運動は、すでに述べたように、例えば奴隷貿易廃止において国内法・国際法の背景を構成しつつ、現在は国際人権法における基準をしばしば参照しながら、その実践を成立させている（Chapman 2006）。そうであれば、そうした相互の参照関係と、法的・非法的に成立する人権言語実践を導く理念が必要となる。

以上のように、国内的・国際法的制度と多様な相互行為を前に、それらの改善・提案・解釈・複合が求められるとすれば、そうした調整は、それらの多様な法制度や相互行為が目指すべき対象によって与えられる。その最も適当な理念は、法が目指すもの、運動が目指すものとして捉えられた（法化以前の）道徳的権利の内容（人間がもつ保障・保護されるべき〈利益〉）であろう。[*8] そして、この道

＊6　なお、こうした直接的には国家を通じない国際的制度による人権実現の回路を、法的なものとしてみる見解もある。例えば、「国際（経済組織）法のレベルで完結する」形で国際行政機関が機能しているとみる見解については吾郷（二〇一九：六一-六二頁）を参照。また、世銀等におけるインスペクション・パネルの効果については、例えば松本編（二〇〇三）を参照。

＊7　とはいえ、なんらかの人権指標に基づく影響評価をするにしても、観察できない（ないしされにくい、あるいは場合によりされるべきでない）社会現象があることは強調に値する。つまり、人権実現状況の改善・悪化について、仮に量的分析を用いるなら、留意されるべきは、そもそもそこには観察不可能性（unobservability）も存在していることである（Landman 2018, p. 109）。例えば性暴力と関連する人権侵害は典型的にそれにあたるだろう（ムクウェゲ 二〇一九）。

＊8　これ以外にも、人権実践（特に国際人権実践）が目指すものの解釈はありうる。例えば、国際的干渉によって個人を保護することであるとか（Beitz 2009）、経済的便益・生活水準の向上・熟議デモクラシーへの貢献といっ

徳的権利の内容〈人間がもつ保障・保護されるべき〈利益〉〉から、それを最もよく実現する手段が用いられるべきことになる。例えば、先のトッド・フランク法のもつコンゴ零細採掘者への悪影響については、それが非法的に考慮されるべきこととなろう。あるいは、立法がなされたとしても政治文化において人権ないしそれが目指すところの定着が見込まれないのであれば、むしろ政治文化の理解とそこにおける適切な行為こそが目指されねばならない。[*9]

7 人権の実現における、法や制度の価値

こうした発想は、先に紹介した、センによる人権の実現に関する視点に立ちかえること、あるいはそれに依拠したラギーによる視点に立ちかえることを意味する。もちろん、こうした発想について、批判をすることも可能ではある。

第一に、人権に対応する義務が特定されていなければ――政治・法哲学における専門用語で言えば相関的義務が完全でなければ――、人権の実現はできず、こうした特定をなすものとして、法や制度が必要不可欠だ、といった議論がなされることがある。しかし、こうした発想には、難点がある。まず、義務それ自体も、具体的な状況を参照しなくては、特定され得ない場合があるという概念的難点である。政治哲学者パブロ・ギラバートが述べる例を少し変えて、ある人の道徳的権利が侵害されようとしている場合を考えよう。例えば、ある人が湖に別の人を突き落とそうとすることでその人の生命への権利を脅かそうとしている場合、それを簡単に助けられる人たちが側にいるなら、その人

た多様な便益を提供することであるとか（Buchanan 2013, p. 161）論じられることもある。本章では人権実践が目指す目的の理解をめぐる論争の検討は避けるが、私自身は、道徳的権利の実現がそうした目的の理解において適切であると考えている。木山（二〇二二、二〇二三a）では一定程度包括的な検討を行っている。

＊9　人権実現において政治文化等人々が重視してきた実践や、人々が置かれた状況の軽視について、女性器切除（FGM／C〔female genital mutilation/cutting〕）をめぐる立法が含んでしまった問題が示唆的である。例えば、米国はいわゆる反FGM法の制定によって、世銀やIMF等の国際機関を通じるものを含む国際援助について、それを受ける条件として女性器切除の廃絶を求めた（中村 二〇二一：六頁）。女性器切除がみられる地域では、対応した立法もなされ、例えばケニアでは二〇〇一年に「子ども法」の中で一八歳未満の女子に対する「割礼（circumcision）」が禁止が記載され、二〇一一年には罰則規定がなお厳しい「FGM禁止法」が制定されている（中村 二〇二一：六-七頁）。

しかし、こうしたいわゆるゼロ・トレランス、さらにそれにもとづく立法には、例えば以下のような問題が指摘された。第一に、人々が女性器切除も含む諸課題に対して付す優先順位や植民地主義的状況における立法の受容について考慮せず（岡［二〇〇〇］二〇一九）、反発を招くとともに西洋中心主義として立法が理解されることもあった（戸田 二〇二一：四六-四七頁）。対象とされる人々の関係を問わないことで、人権実現を目指す法の意味が問われなくなってしまっては、法が目指すところにも資さない。

第二に、女性の身体に負担が大きい種類の女性器切除の不在という目的を受容するのであれば、FGM禁止法より他の手段の方が有効であった。逮捕や罰金支払といった経験を経て、「FGM／Cの隠蔽化・地下化が急速に進行」した側面があると指摘される（中村 二〇二一：一〇七頁）。FGM廃絶の目的の一つが仮に人々の健康に関する利益保護にあるのなら――健康の言語と人権の言語は少し複雑な関係に立つが――、FGM禁止法によって医療従事者による施術が厳罰に処され、さらには治療に関与したがらなくなっている状況とも結びつき（中村 二〇二一：一一六頁）、むしろ健康に関する危険は増したと評価される。反対に、FGM廃絶へ向けた成功の経験から言っても、実際のところ、ゼロ・トレランスにかなり好意的な論者でさえも述べるように、法よりも他の手段が有効性の観点から重要であった（戸田 二〇二一：四一頁）。例えば、ケニアのソマリ地域においてたちは生命への権利の重みによる強い救援義務を持つというのは、ほとんどの人が受け入れていることだろう。しかし、ここで、突き落とそうとしている人が〈殺さない〉という特定された義務違反を犯そうとしているのは明らかであるとしても、周りにいる救援できる人々の義務を事前に特定することはほとんど不可能である（Gilabert 2018, pp. 49–50）――こうした場合の救援義務について特殊な保護責任（突き落とされるのが子供である場合の親の責任）や監督責任（湖に管理者がいる場合の責任）等が存在しない場合には。例えば、腕に大怪我をしているといった事情がある者、他者と接触することでなんらかの感染症罹患リスクを上げうる者は、そうでない者よりも、その場における道徳的義務の担い手として特定されるべき理由は乏しいだろう。このことが意味するのは、法的・制度的に特定された義務を明示することはかなり難しくとも、人権に対応する義務は依然強く存在すると考えるべき場合があることである。

さらに、立法化ないしその履行が可能な範囲は、しばしば道徳的に問題がある理由によって制約される。例えば現行の国際法におけるように、立法化したり履行したりすることが可能な範囲が、大国やそれを支える強者の利害にしばしば制約されるとすれば――例えば「ビジネスと人権」の領域において指導原則が形作られる前に立法化を目指す営みが頓挫したことを思い起こそう――、不正なその利害によって、義務が限定され、ひいては義務と対応する道徳的権利の内容も縮減される、という帰結を招いてしまう。これらの問題が、人権に対応する義務を法制度によって特定する発想に伴うとすれば、必要なことには、以下が含まれる。まず、具体的な状況において人々がもつ義務を果たした、あるいは果たさなかった場合、それを事後的に称揚したり非難したりするための基準、立法や履行が可能な範囲を超えて達成されるべき権利内容を示す基準である。次に、そうした基準をもとに、諸主体の統制を、法を超えて達成していく回路である。結局、法とは独立に捉えられた権利内容をもとに、諸主体の行為を統制するような回路が大事なのだ。

第二に、仮に法制度により同定される義務が、人々が持つ義務の一面しか示さず、また、不正によってその内容が限定されるとしても、制度それ自体が、義務の実現における「公正さ（fairness）」を担保するとその価値を主張することも可能ではある――ここでは公正さを、以下のように理解しておこう。複数の主体がある場合に、ある主体が負担を負うなんらかの理由を他主体に比して有する場合にはより多く果たすことになり、他の主体と同様に有している場合には同様の負担を負う状況として、である。[*10] 確かに、例えば強制力を伴う諸制度――典型的には主権のもとに国家の立法形式をとって設立された諸制度――は、誰が義務を負うかを明示することによって、この意味における「公正」な負担を実現しやすいかもしれない。しかし、人権の実現において、法や制度を道徳的権利の実現から位置付ける立場も、制度が人権実現における公正な負担を実現するのに有効であることを否定する必要はないから、制度の価値の指摘はこの立場への批判にはならない（Gilabert 2018, pp. 30, 50）。と

女性器切除の形態が、身体への負担がなお大きいタイプⅢ（性器縫合 infibulation）からタイプⅠ・Ⅱ（クリトリス切除や陰唇の切除）に変化していったのは、「現地の女性たちが設立したＮＧＯによる宗教指導者への説得」によるところが大きいと報告される（戸田 二〇二一：四四頁）。

＊10 哲学者ジョン・ブルームの議論をもとにした広瀬巌による公正さの定式化を、個人が得る善ではなく負う負担に焦点化する形で応用した（広瀬 二〇二一：三七頁）。

いうのも、道徳的権利の実現から法制度の意義を位置付ける立場も、人権実現における有効性の観点から、法や制度の公正さを問うことができるからである。例えばこの立場は、人権を保障する現行の制度が、何らかの意味で公正に機能するときはそれを維持し、機能しないときにはそれを変革する義務を私たちがもつことを説明することができる。もし、負担の公正さが制度への信頼の条件であるなら、そうした公正さを目指すべき理由を、道徳的権利を重視することは示すだろう。制度上の義務と、道徳的権利の重みに基づく形で諸主体が有する義務は分離しているのではなく（Gilabert 2018, p. 50）、むしろ後者が、制度変革要求を課したり、あるいは前段落で述べたように、制度的には実現されえない公正さを判定したりする基準を提示するのだ。

8　人権の実現と、グローバルタックス

以上において、「ビジネスと人権」に関する法化の潮流の検討から、人権は法を中心とした形で実現されると私たちは捉えるべきではなく、実現への多様な回路こそが重要であると捉えるべきだと本章は主張した。そして、こうした把握においては、現行の法制度——例えば主権国家体制を前提とする国際法秩序——も、道徳的権利の実現の観点から評価されていかれねばならず、その評価をもとにした制度変革の努力の駆動力も、道徳的権利の重みにある、あるいはそう捉えられるべきだと論じた。

その含意を敷衍するため、法的拘束力を伴うハードなガヴァナンスを中心とした世界秩序構想の適

切性も問うてみたい。ここでは、グローバル・タックス（世界税）構想について考察してみよう。グローバル・タックス自体にも、多様な理解が与えられるが、とりあえずそれを以下のように理解できる（諸富 二〇一三：二五五頁、上村 二〇〇九：一七七-一七八頁）。一国を超える経済活動に対し、その負の影響をコントロールしたり、グローバルな公共財の提供を可能としたりする、課税の制度である、と。もちろん、こうした税収についてその使途に関し多様な提案がなされてきたが、貧困国における人権侵害も含む課題に対処するべきものとしばしば主張される。とはいえ、グローバル・タックスには種々の発想がある。例えば、協定に参加する各国の国際協調によって税を導入しつつ、税率・税収の使途について各国の裁量とする構想から、「グローバル租税機関」といった国際機関を設ける構想まで存在する（上村 二〇〇九：一八八-一八九頁）。

こうした複数の構想が示すのは、グローバル・タックスの構想は、そもそも世界秩序構想と結びつきを持つことだ。特に近年、しばしば強制力ある法秩序を拡大するグローバル・タックスの構想が主張される。例えば、グローバル・ガヴァナンスにおいても、法的拘束性の高いハード・ガヴァナンスを評価する上村雄彦は、二〇〇九年の段階で、先述の「ビジネスと人権」における法化の潮流を見越していた。そして、（彼は市民社会との相乗性を強調しつつも）「戦略的に実施が容易な「ソフト」なアプローチから開始し、徐々に「ハード」なものに移行していくという経路」を評価していた（上村 二〇〇九：一二四-一二五頁）。そして、それを促進するものとして、人権実現を含む地球規模課題に対処することへ向けた、「グローバル・タックス、ならびにその実現を目指すプロセス」を重視していた。こうした認識は、「多国籍企業の規制」における「ハード・ガヴァナンス」の重視も含め、法を位置付ける世界秩序構想を描くことを導く（上村 二〇〇九：一二五頁）。

9 人権の公正な保障と、世界秩序構想

こうして、人権の実現を目指すためのグローバル税制の構想は、世界秩序構想と結びつく。そもそも税は「法的強制」にほかならないから（伊藤 二〇一七：一九頁）、こうした法的強制の位置をめぐり、いくつかの世界秩序構想を描くことができる。有力と思われる三つの世界秩序構想は、一．主権国家システムの改善、二．世界国家の設立、三．多様な主体により織りなされる秩序を目指すものである。特に税制との関係で、法に重点を置く第一と第二の構想について考察しつつ、それらがより広く第三の秩序構想に統制されるべきだと私は論じたい。

第一の、主権国家システムの改善は、邦語圏においては例えば法哲学者の井上達夫が主張するものである。彼は、「法の支配を貫徹させられるだけの強力な国家権力構造」を重視しつつ、「人権の実効的保障は強い国家権力による支持を必要とすることを含意している」と主張する（井上 二〇一二：三七四‐五頁）。そして、こうして主権国家による人権の尊重を重視する井上は、主権国家システムを改善する形での世界秩序構想を提案する（彼の言葉では「諸国家のムラ」という構想である）。

もちろん、こうした構想は、世界国家の支持者からは、世界国家への移行期において、一定程度有効に人権保障をなしうる主体として国家があることを提示し、移行期における世界秩序を構想する議論として捉えられうる。あるいは本章のように人権を実現する多様な主体を評価する立場からも、現

行の世界における道徳的要求——国家が圧倒的に権能を持っている中での国家による人権保障責任——を提示するものとして捉えられうる。とはいえ、以下のことが意識された方が良い。まず、井上自身「……米国のような超大国については、その市民の内側からの統制に期待するほかない」（井上二〇一二：三八一頁）と述べ、こうした秩序創出の責任について、国家法を変容させうる市民に委ねる他ないと認める。しかし、事実問題として、国内法は人権実現と矛盾することはしばしばである。本章で先に触れたコンゴ等における紛争鉱物規制についていっても、ドッド・フランク法について、控訴裁判所は修正第一条に反するとし、トランプ政権は同法の再考を宣言した（Newton 2019, p. 138）。あるいは、主権国家間のグローバル・タックスの構想について、ブッシュJr政権は、OECDにおけるタックス・ヘイヴン規制への支持を取り下げた——これは次のオバマ政権とは逆の動きである（上村 二〇〇九：一二八頁、上村 二〇一六：八一頁）。こうして、主権国家体制を重視する構想においては、人権の実現要求と矛盾する種類の、大国における国内法の動きに脆弱となるという限界を抱える。

次に、改善された主権国家システムにおいても、グローバル・タックスにおいては、その公正な負担配分の観点からは、主権国家システムを超えた強制力ある決定が必要になりうる。井上は、「諸国家間の協定によって実現しうる」ものとして多様なグローバル・タックスの構想を紹介しつつも（井上 二〇一二：二五六頁）、例えば多様な税による支援の重複や間隙に対処するためには、「各世界税［グローバル・タックス］の管理機関代表・関係国代表・関係非政府組織代表などが一堂に会して協議する合議体」のような、「世界税の調整・審査システム」が必要だとする（井上 二〇一二：二五九頁）。しかし、こうした構想において、その調整や審査に関する権限が、調整・審査の有効性のために各国家から離れていくのなら、税はそもそも法的強制である以上、世界大に共有された法的強制力をその特性とする世界国家との距離は大きくはない。

こうして、長期的な移行対象として、（例えばグローバル・タックスを徴収する権力を持つ）世界国家の構想に至る。もちろん、カントやロールズといった政治・法哲学における重要論者たちも示してきたように、世界国家への懸念として、専制に陥る可能性や、そうした専制からの離脱可能性が失われてしまう危険はつとに指摘されてきた。とはいえ、世界国家がもつ、個人が有する道徳的権利への影響が問われるべきであるなら、負の影響が生じる蓋然性は、世界国家の構想いかんによって大きく異なってくる。例えば、権力分立の形態・連邦制の形態・補完性原理の形態は、世界国家の構想によって多様でありうる（瀧川 二〇一七：二八五–二八六頁、上村 二〇二一：五五頁）。であれば、人権実現のための手段として、世界国家構想は私たちの選択肢から排除されるべきではない。

しかし、ここで強調しておきたいのは、税は望ましい社会構想との関わりで部分的に重要であるに過ぎないし（伊藤 二〇一七）、本章が（税のように強制を伴う）法について強調してきたように、法は目的、例えば道徳的権利の実現における手段として部分的に重要であるにすぎないことだ。主権国家システムの改善、世界国家といった、法を世界秩序の基盤とすえる秩序構想とは異なり、道徳的権利の実現を基底に据える構想においては、（税と関連する）法、あるいは主権国家・世界国家は、権利実現のための手段にとどまることになる。

もちろん、こうした発想についても、批判はある。例えば法哲学者の瀧川裕英は、「［彼が擁護する世界国家の一形態としての」世界共和国でも主権国家体制でもない世界秩序構想」として、「NGO、国際機関、多国籍企業などの多様な主体からなる世界秩序を提唱」するものを、多様主体論と呼ぶ。そして、多様主体論を以下のように批判する（瀧川 二〇一七：二八六頁）。すなわち、まず「多様な主体が統御されない」がゆえに、次に「多様な主体の活動が調整されない」がゆえに、多様主体論は（例えば）権利保護において失敗する。それによって、「多様な主体が争うときにいかに」各人の権利が保障された状態を構築しうるかという問題に対して回答を与えられない（瀧川 二〇一七：二八七頁）。しかし、こうした議論は世界秩序を構想する上での法以外の手段を過小評価しているように思われる。権利を保障する上での多様な主体の統御と活動の調整は、まさに法的強制力を持たない国際規範として機能する指導原則のような文書が現れ、それが一定の統御と調整の機能を果たしたことから明らかなように、強制力を伴う法を必要条件とするものではない。[*11]

＊11　上村雄彦も世界政府の擁護にあたり、それが「地球規模課題の多くは基本的に集合行為問題である」状況において、その解決のために「共通の問題の解決を図り、コストを公正に分担させる何らかの権威が必要」であると論じる（上村 二〇二一：一四三頁）。とはいえ、集合行為問題への解決に、強制力にもとづく法がもっとも適切であるかは、かなり偶然的問題であるように思われる。例えば、「外的に強制される」ことが集合行為問題の解決に最も役立つと捉えること――無貢献テーゼ（zero contribution thesis）――は、エリノア・オストロムが言うように、しばしば自発的に制度が形成されていくことをよく捉えられないし、むしろ「実地」においては多様な変数によって協力の水準が変化することも捉えられない（オストロム 二〇一〇：一五頁）。オストロムが強調するように、多くの場合、制度の作動を支えるのは、通常の市民なのである（小野 二〇〇五：一一五頁）。

10 おわりに――公正な世界へ向かって未来を構想するために

以上本章においては、多様な人権実現の努力を重視することで、人権を保障する公正な世界を作る道筋について考察を加えてきた。とはいえ、本章が射程の外に置くことになった、公正な世界を構想するための課題を提示したい。

第一は、人権言語に込められる内容が公正か、である。例えば、現状において指導原則はその内容について国際人権法的文書の参照を行っているが、歴史学者サミュエル・モインが提示するように、現状の人権の用法は十分主義的なものにとどまっており不適切であるとの主張がある。ここでいう十分主義とは、例えば人々のニーズから示されるミニマルな閾値の保障に焦点化し権利内容を提示するものである。モインの主張するところ、こうした十分主義的なものとして人権を理解する限り、ミニマルなレヴェルを超えて存在する巨大な世界大の不平等を問い直せなくなってしまう（Moyn 2018）。私は、人権が十分主義的規範として扱われてきたか疑わしいと考えているけれども、もし、人々による人権の捉え方、あるいは多様な社会構想において人々が実際に同意できる内容が十分主義的なものにとどまっているとしたら、十分主義的な規範を重視することが適切かは問われる。例えば、不同意が大きい道徳的要求、より具体的な例でいえば、モインが唱導する世界大の（目的論的）平等主義――ミニマルな閾値の保障のみならず、財・善の分配における世界大の平等性を求める立場――に近い要求は、人権の言語に包含されうるか、そして包含されるべきかが問われる。もし、両者に然りと答えが与えられるなら、そうした観点からは、平等主義的で公正な分配、本章の意味では、いわゆる途上国がいわゆる先進国と比して適切な理由を与えられることなく不利な位置におかれることのないような経済状態を可能にする国際的秩序が求められることになる。まさにモインの場合においては、一九七〇年代の新国際経済秩序（NIEO）の試みが改めて評価されつつ（Moyn 2018, pp. 117-8）、より平等主義的な分配をも要請するものとして人権は捉えられるべきこととなる。そして、これを望ましいものと考えるなら、前節において本章が人権の実現において位置付けを与えた世界国家あるいは国際的協調をなすための制度的枠組みは、なお重要となるかもしれない。というのも、道徳的要求度が仮に増すなら――同時に現在地球に住む人々のほとんどが実際に受容する要求の集合から要求事項が超え出るなら――、それへの暫定的同意を制度的にバックアップし、さらにその適切な改訂の機会を保全する制度的構想も重要となるからだ。こうした現在存在しない制度的構想に関する選択肢は、WTOの改革等から公正さを保全するグローバル議会を設ける多様な構想までありうる。もし、より平等主義的に解釈された人権が実現されるべきであり、制度および市民社会によって支えられるべきだとしたら、そうした制度と多様な行為の複合は、やはりそうした人権実現をめぐり試行錯誤する人々による「漸次的実験」としてのみありうるだろう。[*12]

第二は、関連して、公正な世界を創る上での、人権と他の言語の適切な関係とは何か、である。前段落ではモインによる異なる見解をみたが、仮に人権を十分主義的要請と捉えるとしたら、他の概念

＊12 「漸次的実験」の表現は、人権を平等主義的には捉えない論者であるが、パブロ・ギラバートの表現から借用した（Gilabert 2018, pp. 80-81, 284）。

との関係が問われる。例えば、「基本的には」十分主義的要請として人権を捉えるパブロ・ギラバートは（Gilabert 2018, p. 104）、基礎的正義とマキシマルな正義を区別し、人権の要請を前者に区分する。そして、人権の基底にある尊厳概念について、それを人権のみならず、より社会主義的な要求をも導くものと捉え、尊厳の要求事項が階層構造をもつと論じる（Gilabert 2018, Ch. 11; Gilabert 2023）。しかし、これも自明ではない。まさに先のモインによる提案は、むしろ人権の概念により重い期待をよせ、より平等主義的な要請を含むものとして人権を再解釈するものである。あるいは、現在の国際開発をめぐる言説にみられるように、人権以外の現在広く用いられている概念、例えば国益、持続可能性等の種々の考慮事項を用いていくことで、なんらかの意味での公正さを国際的場面において達成しようとする者もいる。私自身は、人権の言語に多様な道徳的要求を包含させていくことに、私たちが信頼を込め保ってきた人権概念の通貨価値の下落（いわゆる人権インフレ）を生起させる可能性を見出し、危惧をもつ。これまで人権の言語が保持してきた内容に加え、多くの道徳的要求に人権の語を与えるなら、人々が当該概念をもはや道徳的に緊要のものと見做せなくなるおそれをもつからだ。あるいは、国益や持続可能性の考慮も、少なくとも現在受容されている価値の考慮、例えば人権の考慮と常に整合的になしうるわけではないことにも留意が必要と思う。例えば、ある地域における人権を考慮しないことが今後および長期にわたる国益の観点から許容されてしまうことはありうるし（木山 二〇二一：六八－六九頁）、持続可能性概念に多様なアクターが込める意味は極めて多様であって、どのような利益が是認され抑制されるべきか、少なくとも現在において合意はない（cf. 山田 二〇二三：一二三頁）。こうした中では、私たちが公正な世界を創出するにあたって、他の規範的概念との関係において人権の概念に与えるべき位置は考えられ続けられねばならない。

第三に、人権の保障を目指す言語が公正か、である。人権の保障を私あるいはあなたが重要だと考えていたとしても、人権を保障する言語実践のあり方は問われる。あなたが人権の言語実践を大事に思っていたとしても、人権が保護を企図する利益を実現するための政治的訴えは、人権の語を最も信頼する形で常になされてきたとは限らない。もしかしたら、あなたは、人権の語を用いないことによってこそ、人権を尊重する世界を形作ることができるのかもしれないし、そこにおいて人々の言語実践を尊重できるのかもしれない。例えばある読み方をすれば、西川潤がそう読み取るように、「ガンジーは人権を指すとき、「アヒンサー」(ahimsā) という言葉を好んで用いた」と理解できるのかもしれない(西川 二〇〇八：四九-五〇頁)[*13]。それは、ガンジーの置かれた文脈と彼の思考において、このサンスクリット由来の言葉を用いることが、「愛のみなぎる世界、誰もが人間の尊厳をもち、それをお互いが尊重する世界、ケアと共生の世界」(西川 二〇〇八：五〇頁) を目指す上で、望ましいと考えたからだろう。こうした際に、仮にあなたが人権の概念に重要性を認めているとしても、あなたが人権の語を用いるべきか、この点は問われる。つまり、あなたが人権が実現された世界を目指すにせよ、それを目指す際に用いる最善の語、他者に公正である語が人権であるかは論争的であるのだ[*14]。

---

*13 もちろん、ガンジーはアヒンサーの言葉を人権と同義の言葉として用いたわけではない――むしろ彼自身は人権ないし権利の言葉をほとんど用いていないと指摘される (Lal 2019)。本章が問題にしているのは、人権の言葉を用いる人々 (おそらく私たち) が、当該の言葉を最善のものとして用いない人々に向けるべき態度である。

人権を保障する世界、さらに公正な世界を形作る責任が私たちの前にあるのなら、多様な法・制度・運動・行為と関わる私たちには、以下が求められることになる。人権の要求事項とその語の用い方を常に問い直しつつ、その実現の手段として、それらの法・制度・運動・行為に関する適切な理解と、それへの望ましい関与の仕方を探索し続けることである。

＊　＊　＊

【読書ガイド】

・ジョン・ラギー『正しいビジネス――世界が取り組む「多国籍企業と人権」の課題』東澤靖訳、二〇一四年、岩波書店〔解題〕ジョン・ラギーは、コンストラクティヴィズムという立場を代表する国際政治学者でありつつ、コフィ・アナン国連事務総長が述べた「人権の主流化」において、学術的にも実務的にもその中心にいた。彼の認識は、私たちが直面する「ビジネスと人権」に関わる課題を考える際に、立ち戻って参照されるべきものの一つである。

・デニ・ムクウェゲ『勇気ある女性たち――性暴力サバイバーの回復する力』中村みずき訳、二〇二三年、大月書店〔解題〕コンゴにおける人権侵害について思考を促してきたコンゴ人医師による書籍。人権を実現する上での私たち一人一人の力のあり方について、あるいは「ビジネスと人権」についてなど、本章で論じてきたところに関しても示唆に富む。なお、訳題よりも原題『女性の力』が、（女性のみならず）私たち人間が持つ多様な力の可能性を捉えている。

・伊藤恭彦『タックス・ジャスティス――税の政治哲学』風行社、二〇一七年〔解題〕人間の尊厳の保障という観点から租税制度を位置付ける、読みやすいが示唆に富む書籍である。本章では、ほとんど人権の観点からのみ公正な社会を考え租税のような法的強制を伴う制度を問うたが、伊藤は、格差等が尊厳の毀損に与える影響をも念頭に、租税制度を考察している。

＊14　この点と関連し、マオリの人々がある場面で行った、国際人権法における人権の語を避ける選択について、Hope（2016; 2022）における考察が示唆に富む。

責任編者解題

ここでは、責任編者が専門とする現代政治哲学の正義論（現代正義論）の視座から、本巻『生活保障と税制度の哲学』の重要なポイントを見てゆこう。

現代正義論は、一面においては「自由とは何か」や「平等とは何か」といった抽象的な議論を、他面においては「所得や富の分配」や「人権保障」といった政策にかかわる議論を、今ある経済社会システムが盤石であるかのように提示している。その出発点にあるのが、第3章の迫田論文に登場するジョン・ロールズの正義論である。ロールズはアメリカ合衆国の哲学者であり、『正義論』（一九七一年）、『政治的リベラリズム』（一九九三年）、『万民の法』（一九九九年）などの著作を通じて、一九七〇年代以降の正義論の方向性を定めた人物である。

ロールズの正義論は、とくにその格差原理に関心が持たれる場合には、福祉国家に哲学的基礎を与えるものとして理解される。その理論は、刊行から五〇年以上たったいまも影響力を失っていない。だが現実の福祉国家は混乱している。経済成長の鈍化や少子高齢化は、世代間格差を深刻化させると同時に、国家が人々の生活を保障することを日に日に困難にしている。ならば、福祉国家は人々の生活保障にとって最適解ではないのではないか。『生活保障と税制度』というタイトルに反して、本書がアナーキズムの社会保障論からスタートするのは、福祉国家、あるいは国家それ自体の存在に慣れ切ってしまった私たちの思考を、揺さぶるためである。

第1章「**アナーキズムと社会保障**」で金山準氏は、クロポトキンの相互扶助論とプルードンの相互性に基づく正義論に、国家なき社会保障の可能性を見出す。アナーキズムは福祉国家を「不平等に対する処方箋として無力であり、ときには有害ですらある」として拒絶する思想であるから、もちろん国家による経済成長戦略や、課税と再分配の話はでてこない。生産は「水平的関係に基づく少集団を舞台とする自主管理」によってなされ、生活保障は「平等な尊厳」が認められる「同類」感覚に基づく相互性によってなされる。つまり「ある会の規約」にあるように、「各構成員は、自分の貯蓄の成果を共通の基金に拠出する」。人々は何らかの組織に属し、「それぞれの存在が平等につながり、なおかつ自由と独立を損なうものであってはならない」間柄で、支え合うのである。だがそれは「共感」や「社交性」、あるいは「慈愛や友愛や献身」といったものではなく、権力の強制なき「善意の一致」によって可能となる、権利と法と正義を要する相互性によるものであるべきである。ではこの「善意の一致」はどのようにして可能なのか。金山論文はこの一致に至るための条件をアナーキズムの問いとしつつ、「ある二者の間で境界と分断を越えて善意の一致が成り立つそのたびごとに、アナーキズムはわずかながら実現する」として、論を閉じている。

アナーキズムが理想とする社会では、人は何かや誰かによって支配されることなくその生活を保障される。つまりアナーキズムは金山論文が指摘するように、「国家の否定そのものが目的ではなく、あくまで眼目は権威や支配の批判であり、それを通じた自由や平等のあくなき追求」を目指しているのだ。そのため、おそらく大方の予想とは異なるだろうが、アナーキズムは国家の廃止を求めるものではなく、むしろ福祉国家を補完する社会的な実践を提案するものである。その意味でアナーキズムは、ロールズの正義論以上に、人々の自主性と利他性を信頼していると言えるかもしれない。

さて、ロールズは家族を正義原理が直接には適用されない領域とし、ケア労働とその担い手を不可視化してしまったが、アナーキズムではどうだろうか。女性は、自分の貯蓄を持てるのだろうか。夫の代わりとしてのみ活躍できるのだろうか（「往々にして寡婦はギルドの女性会員となる」）。家庭内の権力構造はどうなっているのか。「善意の一致」がジェンダーの境界と分断を確実に越えるものとなるように、アナーキズムの社会保障論の今後の展開にも期待したい。

ロールズの正義論は「社会」の正義を主題とするものの、実際には「国家」の働きについて主に論じるものであった。国家はその構成員に対して、第一に基本的諸自由の平等を保障し、第二に公正な機会均等を保障し、第三に社会的ミニマムの物質的生活を保障する存在である。ゆえに国家は徴税を行うが、個人の消費支出を課税ベースとする定率の支出税が最善の課税制度の一部をなすと考えられていた。つまり総合消費税である。そうしてプールされた財源が、補助金、完全雇用の促進、基本的ニーズを充たすための社会的ミニマムの維持などを通じて、補正・再分配のために使用されるという段取りである。

だがロールズ自身によれば、彼の正義論が指し示すのは「福祉国家」ではなく「財産所有の民主制（property-owning democracy）」である。これは経済学者ジェームズ・ミードの著作から拝借された用語でありアイデアである。ミードは、二〇世紀中葉のイギリスを資本主義のパラダイスとしないために、福祉国家の政策に所有（財産）の平等化と社会化のための措置を取り入れることを提案した。つまり「財産所有の民主制」は所得だけではなく富の再分配を従来に増して行うシステムであるから、福祉国家を代替するものではなく補完するものとして考えられていたのである。ロールズ自身の構想について詳しくは彼の晩年に刊行された『公正としての正義　再説』に譲らねばならないが、そこでもやはり、国家機能を通じて所有（財産）の広範な分散を促すことが論じられている。

なぜロールズはベーシックインカムを提唱しなかったのだろう。ベーシックインカムこそ、偶発性や不運によって恵まれない立場に立たされてしまった人々を適度な平等の出発点に置き、彼らの自尊心の保持に寄与するのではないか。第2章「**ベーシックインカム（基本所得）への批判的入門**」で早川健治氏は、ベーシックインカムが「善良かつ純粋な意図に基づいているからこそ、研究者や推進者はバイアスに対して警戒を強めるべきであり、基本所得をめぐる言説を批判的に評価する必要がある」として、近年のベーシックインカムをめぐる言説を批判的に検討する。

ベーシックインカムの典型理念は、「資力審査や就労義務なく、万人に向けて個人単位で定期的に行われる無条件現金給付」である。果たして私たちは、早川論文の紹介にある原田泰の提案にあるような、成人月七万円、こども月三万のベーシックインカムを、すべての所得層に一律三〇％の所得税を課し、他の社会保障（年金や失業保険など）を撤廃または大幅縮小することで、導入することに賛成するだろうか。残念ながらこの問いへの直接の回答はないが、本章で紹介されている世論調査分析の結果からすると、答えは「否」なのかもしれない。これも早川論文が紹介している研究によれば、

「国や帰属集団、属性や政策設計にかかわらず、ほぼすべての場合で、条件付き福祉の方が基本所得よりも支持率が高かった」とあり、日本で都市部の六〇〇〇人を対象に実施された二〇〇九年の調査では、ベーシックインカムに回答者の二九・三%が賛成、三二・二%が反対であった。

このように早川論文は、ベーシックインカムという理念に先走り、その政治的実現可能性の検討をなおざりにしがちな私たちの言説のあり方に、警鐘を鳴らしている。一部の人々の一時の勢いで導入される制度が、しばし後に人々を苦しめ始めるということもあるだろう。科学技術の進歩のペースが早まる一方の時代においては、制度の安定性も見据えた慎重な研究姿勢が不可欠である。その姿勢は、ベーシックインカムへの支持・不支持を明示しないという著者の自制に現れている。

ところで、現行の静学的モデルによる分析では貧困の多次元性を捉えられないとして、ベーシックインカムの典型理念に追加条件を加えることを提案している早川論文の議論には、ときに日本から離れた視座が登場する。それは、「基本所得は、貧困対策を最も必要としている貧しい人々や国々のための実践的な解決策であると言うよりも、むしろそれほど貧しくない国々が自国の人々の比較的豊かで平等な生活水準をさらに向上させるための政策であるという仮説」を検証するためでもあるのだが、ともすればガラパゴス化しがちな日本の言説にとって、今後ますます必要不可欠となるべき視座でもある。

第3章「**社会保障制度で世代間格差を乗り越える**」で迫田さやか氏は、日本が福祉国家であること、そして福祉の方法として社会保障給付制度を取っており、公的年金制度が積立方式ではなく賦課方式であることから、高齢化と人口減少の中で世代間格差が生じていると指摘する。そしてそれが

「我々の選択と日本の経済発展の帰結に他ならない」とし、もはや高齢者福祉や子育て支援では世代間格差をどうしようもできないとして、分配的正義に期待する。その上で迫田論文は、ロールズの正義論につらなる理論のうち、特に責任感応的平等主義の理念を検討する。それは、財を平等に分配する際に、自発的な選択によって何らかの不利益を被った人はその責任を引き受けるべきだとする理念である。それに対して迫田論文は、「子どもや病人の世話などケア労働のためにあえて無収入であったり、働こうとしてもその時間も柔軟性もない場合に、給与所得者（夫が多いだろう）や生活保護に頼っていたり、あるいは極端に貧しい場合が多」いという点に眼差しを向ける。自発的ではあるが他に選択肢がない状況下でなされる選択について、その責任を問うことは酷なのだ。そこで迫田論文は、特に世代間格差への取り組みとして、「今後は、人々の利他性・互酬性・不平等回避からなる社会的選好を引き出すような社会保障制度を構築していくことが重要」だとして、私たちに「将来世代に配慮をする責任」があることや、「将来世代の「ボイス」」を取り入れることの重要性を指摘する。

この将来世代の「ボイス」を取り入れることの重要性は強調しても強調しすぎることはないだろう。迫田論文が指摘するように、「若い世代も、将来世代も、たまたまその時期に、そこに生まれついてしまった」のである。偶発性がもたらす不平等を制度が放置することを拒絶したロールズは、もちろん世代間正義を論じている。だがロールズは、各世代の男性家長を代表者としてしまった。これからの正義論は、誰のボイスを取り入れるのかについて、同じ過ちを繰り返すことはできないだろう。

インド出身で経済哲学者のアマルティア・センは、ロールズの正義論の公平性（impartiality）は

「閉ざされた」ものであると批判し、「開かれた」公平性の重要性を説いている。またセンは、ロールズのように先験的で体系的な原理を伴う構想を提示しない。そうではなく、個別具体的な不正義に着目し、今よりましな状況の創出を探求するアイデアを豊富に提示している。そのようなアイデアの一つがケイパビリティである。ケイパビリティは人々の行為主体性（agency）を成立させ、人々が自らの幸せだけではなく他者の幸せも可能にする環境づくりにコミットできるよう、促してくれるのである。第4章「**人権を保障する公正な世界をつくるには**」で木山幸輔氏は、そのようなアイデアを背景に持つセンの人権理解を登場させる。

人権は、グローバルな規模で人々の生活保障を要請するものである。木山論文は、まず人権の法化、つまり「強制力のバックアップ等を伴う拘束力ある法によって、設定された目標（本章の文脈では人権実現）を達成するという状況の出現」を批判的に捉える。例えばアパレル産業や紛争鉱物に関して、国内法や国際法のレヴェルで人権保障に関する法制化が進んでいる。学問の分野でも、例えばジョン・ラギーによって、企業活動のグローバル化を背景に国連活動における法化の道筋がつけられ、実際に提案されている。

こうしたトレンドに対して木山論文は、「人権の「保護・促進」においては、「人々の日常生活」で変化を生み出すことがもっとも重要である」と考え、このプラグマティズムの立場から人権を保障する公正な世界を作る道筋を示そうとする。その際、導きの糸とされるのがセンの人権理解である。センによれば人権とは、「私たちが人間であることによりもつ利益を理由として保有される道徳的権利――法や社会習慣に先行する形で道徳的重要性を有する権利」であり、「その請求（claims）の保護・

促進のための回路は、法以外にも存在」するものである。そうして熟考の末に木山論文が到達するのが、人権を保障する公正な世界において大事なのは法化よりも尊厳を守るための道徳的権利であるということ、そして人権の実現手段として取り上げられるグローバルタックスのような税の構想は多様な手段の一つに過ぎないということ、この二つの主張である。

残された課題は、人々が道徳的権利の重みを受け入れ、それを安定的なものとさせることが、どのようにして可能なのかであるだろう。その課題へのヒントは、木山論文がビジネスに焦点を合わせていることに、すでに含まれていると思われる。例えばアサヒビールが技能実習生の労働環境を人権リスクとして公表していることが、ビジネスにおける人権の法化ではなく道徳的権利の重みの受容として紹介されているが、このような事実が広く世間に知られてゆくこと、そして人々がそのようなビジネスを日常生活を通じて支えてゆくことこそが、めぐりめぐって国境の内外で人権が保障される世界づくりに繋がるのだろう。

以上が現代正義論の視座からの本巻の振り返りである。それによって言えるのは、私たちはもしかしたらこの先、国境の内外の生活保障に、税制度を相対化しながら取り組んでいくのかもしれないということである。意外ではあるが、ロールズの正義論が立脚した二〇世紀の戦後リベラリズムという特殊な状況はもうないのだから、今のままではいられない。私たちにできることは、「豊かさとは何か」をめぐる哲学をしながら、恐れずに進むことだけである。

引用・参照文献

第1章

・ウドコック、ジョージ『アナキズム』Ⅰ・Ⅱ、白井厚訳、紀伊國屋書店、一九六八年
・大沢真理『現代日本の生活保障システム――座標とゆくえ』岩波書店、二〇〇七年
・小田透「グレーバーとクロポトキンをつなぐもの――相互扶助の倫理的感性」REPRE、41号. https://www.repre.org/repre/vol41/note/oda/（二〇二四年三月三〇日閲覧）、二〇二一年
・重田園江『連帯の哲学』勁草書房、二〇一〇年
・カステル、ロベール『社会問題の変容――賃金労働の年代記』前川真行訳、ナカニシヤ出版、二〇一二年
・金澤周作『チャリティの帝国――もうひとつのイギリス近現代史』岩波新書、二〇二一年
・金山準『プルードン――反「絶対」の探求』岩波書店、二〇二二年
・喜安朗『近代フランス民衆の「個と共同性」』平凡社、一九九四年
・グレーバー、デヴィッド『負債論――貨幣と暴力の5000年』酒井隆史監訳、高祖岩三郎・佐々木夏子訳、以文社、二〇一六年
・クロポトキン、ピョートル「近代科学とアナーキズム」猪木正道、勝田吉太郎責任編集『プルードン、バクーニン、クロポトキン』世界の名著53、勝田吉太郎訳、中央公論社、一九八〇年
・クロポトキン、ピーター『相互扶助論――進化の一要因』小田透訳、論創社、二〇二四年
・厚生労働省「平成24年版厚生労働白書――社会保障を考える」二〇一二年（https://www.mhlw.go.jp/wp/hakusyo/kousei/12/ 二〇二四年三月三〇日閲覧）
・斎藤幸平、松本卓也編著『コモンの「自治」論』集英社、二〇二三年
・齋藤純一「社会保障の理念をめぐって――それぞれの生き方の尊重」齋藤純一、宮本太郎、近藤康史編『社会保障と福祉国家のゆくえ』ナカニシヤ出版、二〇一一年

・齋藤純一、宮本太郎、近藤康史「序——福祉国家・社会保障の構想力」齋藤純一、宮本太郎、近藤康史編『社会保障と福祉国家のゆくえ』ナカニシヤ出版、二〇一一年
・澤田直、岩野卓司編『はじまりのバタイユ——贈与・共同体・アナキズム』法政大学出版局、二〇二三年
・鳥澤円「個人主義アナキズムの法秩序」『一橋論叢』124巻1号：一五五-一七〇頁、二〇〇〇年
・ネグリ、アントニオ＆ハート、マイケル『コモンウェルス——「帝国」を超える革命論』ＮＨＫ出版、二〇一二年
・廣田裕之『社会的連帯経済入門——みんなが幸せに生活できる経済システムとは』集広舎、二〇一六年
・藤田勝次郎『プルードンと現代』世界書院、一九九三年
・ブレイディみかこ『他者の靴を履く——アナーキック・エンパシーのすすめ』文藝春秋、二〇二一年
・森政稔『アナーキズム——政治思想史的考察』作品社、二〇二三年
・リッター、ゲアハルト『社会国家——その成立と発展』木谷勤ほか訳、晃洋書房、一九九三年
・山田広昭『可能なるアナキズム——マルセル・モースと贈与のモラル』インスクリプト、二〇二〇年
・Tanja A. Börzel and Thomas Risse, 2021 *Effective governance under anarchy: institutions, legitimacy, and social trust in areas of limited statehood*, Cambridge University Press.
・Pierre Dardot et Christian Laval, 2014 *Commun: essai sur la révolution au XXIe siècle*, La Découverte.
・Laurent Gardin, 2006 *Les initiatives solidaires: La réciprocité face au marché et à l' État*, ERES.
・Cyrille Ferraton, 2007 *Associations et coopératives*, ERES.
・Joel Izlar, 2019 "Radical social welfare and anti-authoritarian mutual aid", *Critical and Radical Social Work: An international journal*, Volume 7: Issue 3.
・Steve Millett, 1997 "Neither State Nor Market: An Anarchist Perspective on Social Welfare", Jon Purkis, James Bowen (ed.), *Twenty-First Century Anarchism: Unorthodox Ideas for a New Millennium*, Cassell.
・Alex Prichard, 2022 *Anarchism: a very short introduction*, Oxford University Press.
・Pierre-Joseph Proudhon, 1924 *De la capacité politique des classes ouvrières*, *Œuvres complètes de P.-J. Proudhon IV*, M. Rivière.（三浦精一訳『プルードン Ⅱ 労働者階級の政治的能力』三一書房、一九七二年）
・——1930-1935 *De la justice dans la Révolution et dans l'Église*, *Œuvres complètes de P.-J. Proudhon VIII*, M. Rivière.

・Michael D. Sibalis, 1989 “The Mutual Aid Societies of Paris 1789–1848”, *French History*, n° 3.
・Colin Ward, 1973 *Anarchy in Action*, Allen and Unwin.
・——1996 *Social Policy: an anarchist response*, Freedom Press.
・Shawn P. Wilbur, 2019 “Mutualism”, Carl Levy, Matthew S. Adams (eds.), *The Palgrave Handbook of Anarchism*, Palgrave Macmilan.

第2章

・Baker, A., Coltrera, E., Samra, S. & West, S. 2021. Preliminary Analysis: SEED’s First Year. URL: https://static1.squarespace.com/static/6039d612b17d055cac14070f/t/6050294a1212aa40fdaf773a/1615866187890/SEED_Preliminary+Analysis-SEEDs+First+Year_Final+Report_Individual+Pages+.pdf.
・Banerjee, A. V. & Duflo, E. 2011. *Poor Economics: A Radical Rethinking of the Way to Fight Global Poverty*. New York, NY: PublicAffairs.（山形浩生訳『貧乏人の経済学——もういちど貧困問題を根っこから考える』みすず書房、二〇一二年）
・Banerjee, A. V., Duflo, E. & Kremer, M. 2020. The Influence of Randomised Controlled Trials on Development Economics Research and on Development Policy. *The State of Economics, the State of the World*. Eds. Kaushik Basu, David Rosenblatt & Claudia Sepúlveda. Cambridge, MA: MIT Press. 439–487.
・Basic Income Earth Network［BIEN］. 2024. About Basic Income. URL: https://basicincome.org/about-basic-income/.
・Basic Income Earth Network［BIEN］. 2016. The Basic Income Earth Network’s Definition of Basic Income since the GA 2016. URL: https://basicincome.org/wp-content/uploads/2020/07/Basic-Income-definition-longer-explanation-1.pdf.
・Cartwright, N. & Hardie, J. 2012. *Evidence-Based Policy: A Practical Guide to Doing It Better*. New York: Oxford University Press.
・Conesa, J. C., Li, B. & Li, Q. 2023. A Quantitative Evaluation of Universal Basic Income. *Journal of Public Economics*, 223, 14881.
・Daruich, D. & Fernández, R. 2024. Universal Basic Income: A Dynamic Assessment. *American Economic Review*, 114(1), 38–88.
・Davala, S., Jhabvala, R., Standing, G. & Mehta, S. 2015. *Basic Income: A Transformative Policy for India*. New York, NY:

Bloomsbury.
・European Basic Income Network. 2020. Petitions for any type of Basic Income or Helicopter Money. URL: https://ubi-europe.net/ubi/petitions-for-any-type-of-basicincome-or-helicoptermoney/.
・Feldkircher, N., Ó Cuinn, D. & O'Donnell, B. 2023. Basic Income for the Arts Initial Impact Assessment (6-month). URL: https://www.gov.ie/en/publication/b24f4-basic-income-for-the-arts-initial-impact-assessment-6-month/.
・Fisher, G. M. 1992. The Development and History of the Poverty Thresholds. *Social Security Bulletin*, 55(1), 43-46.
・Freedman, B. 1987. Equipoise and the Ethics of Clinical Research. *The New England Journal of Medicine*, 317(3), 141-5.
・Gentilini, U., Grosh, M., Rigolini, I. & Yemtsov, R. 2019. *Exploring Universal Basic Income: A Guide to Navigating Concepts, Evidence, and Practices*. Washington, D. C.: World Bank Group.
・Ghenis, M. 2019. Distributional analysis of Andrew Yang's Freedom Dividend. URL: https://medium.com/ubicenter/distributional-analysis-of-andrew-yangs-freedom-dividend-d8dab818bf1b/.
・Government of India. 2017. Universal Basic Income: A Conversation With and Within the Mahatma. *Economic Survey 2016–17*, 172-212.
・Gqubule, D. 2024. The Economics of Implementing Universal Basic Income in South Africa. Social Policy Initiative. URL: https://www.spi.net.za/the-economics-of-implementing-universal-basic-income-in-south-africa/.
・Green, D. A., Gutierrez, P., Milligan, K., & Snowberg, E. 2021. Basic Income: Characteristics Related to Presence in and Absence From the Tax System. Research paper commissioned by the Expert Panel on Basic Income, British Columbia. URL: https://econ2017.sites.olt.ubc.ca/files/2021/03/Basic-Income-Characteristics-Related-to-Presence-in-and-Absence-From-the-Tax-System_DGreen_PGutierrez_KMilligan_ESnowberg-0021.pdf.
・Green, D. A., Kesselman, J. R., & Tedds, L. M. 2020. *Covering All the Basics: Reforms for a More Just Society-Final Report of the British Columbia Expert Panel on Basic Income*. URL: https://bcbasicincomepanel.ca/wp-content/uploads/2021/01/Final_Report_BC_Basic_Income_Panel.pdf.
・Gunn, P. 2019. Against Epistocracy. *Critical Review*, 31(1), 26-82.
・原田泰『ベーシック・インカム――国家は貧困問題を解決できるか』中公新書、二〇一五年

・Haushofer, J. & Shapiro, J. 2016. The Short-Term Impact of Unconditional Cash Transfers to the Poor: Experimental Evidence From Kenya. *The Quarterly Journal of Economics*, 1973–2042.

・Hilton Boon, M., Thomson, H., Shaw, B. et al. 2021. Challenges in applying the GRADE approach in public health guidelines and systematic reviews: a concept article from the GRADE Public Health Group. *Journal of Clinical Epidemiology*, 135, 42–53.

・井上智洋、小野盛司『毎年１２０万円を配れば日本が幸せになる』扶桑社、二〇二一年

・Kangas, O., Jauhiainen, S., Simanainen, M. & Ylikännö, M., Eds. 2021. *Experimenting with Unconditional Basic Income: Lessons from the Finnish BI Experiment 2017–2018*. Cheltenham: Edward Elgar Publishing.

・Karshenas, M. & Tabatabai, H. 2023. Basic Income by Default: Lessons from Iran's Cash Subsidy Programme. *Palgrave International Handbook of Basic Income, Second Edition*. Ed. Malcolm Torry. New York: Palgrave MacMillan. 363–380.

・Khosla, S. 2018. *India's Universal Basic Income: Bedeviled by the Details*. Washington, DC: Carnegie Endowment for International Peace. URL: https://carnegieendowment.org/files/CEIP_Khosla_Report_FNL_w_covers.pdf.

・King, M. L. Jr. 2010 [1967]. *Where Do We Go from Here: Chaos or Community?*. Boston, MA: Beacon Press.

・Laenen, T. 2023. *The Popularity of Basic Income: Evidence from the Polls*. London: Palgrave MacMillan.

・Luduvice, A. V. D. 2021. The Macroeconomic Effects of Universal Basic Income Programs. Federal Reserve Bank of Cleveland, Working Paper No. 21–21.

・前澤友作「前澤式ベーシックインカム社会実験」(https://www.yusakumaezawa.com 二〇二四年三月一四日閲覧)

・Obama, B. 2023. My Remarks at the 2023 Democracy Forum. URL: https://barackobama.medium.com/my-remarks-at-the-2023-democracy-forum-32609c7ec237.

・Parolin, Z. & Siöland, L. 2020. Support for a universal basic income: A demand–capacity paradox?. *Journal of European Social Policy*, 30(1), 5–19.

・Pega, F., Liu, S., Walter, S., Pabayo R., Saith, R. & Lhachimi, SK. 2017. Unconditional Cash Transfers for Reducing Poverty and Vulnerabilities: Effect on Use of Health Services and Health Outcomes in Low- and Middle-Income Countries. *Cochrane Database of Systematic Reviews*, 11, 1–137.

・Petticrew, M., McKee, M., Lock, K., Green, J. & Philips, G.（2013）. In search of social equipoise. *British Medical Journal*, 346（4016）, 1-3.
・Ravallion, M. 2022. SDG 1–On the Origins of the Idea of Ending Poverty. *Before the UN Sustainable Development Goals: A Historical Companion*. Eds. Martin Gutmann & Daniel Gorman. Oxford: Oxford University Press. 14–53.
・Riutort, S., Lain, B. & Julià, A. 2023. Basic Income at Municipal Level: Insights from the Barcelona B-MINCOME Pilot. *Basic Income Studies*, 18（1）, 1–30.
・Rizvi, A., Welch, V., Gibson, M., et al. 2022. PROTOCOL: Effects of guaranteed basic income interventions on poverty-related outcomes in high-income countries: A systematic review. *Campbell Systematic Reviews*, 18（e1281）.
・Russo, F. & Williamson, J. 2007. Interpreting Causality in the Health Sciences. *International Studies in Philosophy of Science*, 21（2）, 157–170.
・Sen, A. 1999. *Development as Freedom*. New York, NY: Alfred A. Knopf.（石塚雅彦訳『自由と経済開発』日本経済新聞社、二〇〇〇年）
・Stanford Basic Income Lab. 2024. Global Map of Basic Income Experiments. URL: https://basicincome.stanford.edu/experiments-map/.
・Statista. 2024. Share of people who use Twitter in Japan from fiscal year 2014 to 2022. URL: https://www.statista.com/statistics/425342/twitter-penetration-japan/.
・Tavris, C. & Aaronson, E. 2020. *Mistakes Were Made（but Not By Me）, Third Edition: Why We Justify Foolish Beliefs, Bad Decisions, and Hurtful Acts*. Boston, MA: Mariner Books.（戸根由紀恵訳『なぜあの人はあやまちを認めないのか――言い訳と自己正当化の心理学』河出書房新社、二〇〇九年）
・Teira, D. 2013. Blinding and the Non-interference Assumption in Medical and Social Trials. *Philosophy of the Social Sciences*, 43（3）, 358–372.
・Torry, M. 2022. Two feasible Basic Income schemes for the UK, and a feasible pilot project for Scotland . CeMPA Working Paper 7/22. Colchester: Centre for Microsimulation and Policy Analysis, University of Essex.
・Tutu, D. 2006. Archbishop Tutu on Basic Income. URL: https://www.youtube.com/watch?v=gf3n-L5FDy0.

・UK Government and Parliament. 2020. Implement Universal Basic Income to give home & food security through Covid-19. URL: https://petition.parliament.uk/petitions/302284.
・宇南山卓「「前澤お年玉社会実験　２０２０」および「ベーシックインカム社会実験調査」」（二〇二〇年）URL: https://www.yusakumaezawa.com/assets/pdf/BasicIncome_Social_Experiment_Survey_ja.pdf.
・Unayama, T. 2020. Maezawa Basic Income Social Experiment 2020 and Basic Income Social Experiment Survey. URL: https://www.yusakumaezawa.com/assets/pdf/BasicIncome_Social_Experiment_Survey_en.pdf.
・United Nations Development Programme［UNDP］. 2023. India: National Multidimensional Poverty Index — A Progress Review 2023. URL: https://www.undp.org/india/national-multidimensional-poverty-index-progress-review-2023.
・United Nations Development Programme［UNDP］China Office. 2020. *Universal Basic Income in China/*. URL: https://www.cn.undp.org/content/china/en/home/library/innovation-/universal-basic-income-in-china.html.
・UNICEF. 2019. Universal Child Benefit Case Studies: The Experience of Mongolia. URL: https://www.unicef.org/reports/universal-child-benefits-2020.
・Vanderborght, Y. & Van Parijs, P. 2017. *Basic Income: A Radical Proposal for a Free Society and a Sane Economy*. Cambridge: Harvard University Press.（竹中平蔵監訳／永盛鷹司訳『ベーシック・インカム――自由な社会と健全な経済のためのラディカルな提案』クロスメディア・パブリッシング、二〇二二年）
・Varoufakis, Y. 2020. *Another Now: Dispatches from an Alternative Present*. London: Bodley Head, Penguin.（江口泰子　訳『クソったれ資本主義が倒れたあとの、もう一つの世界』講談社、二〇二一年）
・Wells, T. R. 2019. Just End Poverty Now: The Case for a Global Minimum Income. *Basic Income Studies*, 14(2), 1-13.
・What Works Network. 2018. The What Works Network: Five Years On. URL: https://www.gov.uk/government/publications/the-what-works-network-five-years-on.
・Widerquist, K. 2018. *A Critical Analysis of Basic Income Experiments for Researchers, Policymakers, and Citizens*. Cham, Switzerland: Palgrave MacMillan.
・Widerquist, K. 2013. *Independence, Propertylessness, and Basic Income: A Theory of Freedom as the Power to Say No*. New York: Palgrave Macmillan.

・Yamamori, T. 2022. Is a Penny a Month a Basic Income?: A Historiography of the Concept of a Threshold in Basic Income. *Basic Income Studies*, 17(1), 29-51.
・Yang, A. 2018. *The War on Normal People: The Truth About America's Disappearing Jobs and Why Universal Basic Income Is Our Future*. New York, NY: Hachette Books.（早川健治訳『普通の人々の戦い――ＡＩが奪う労働・人道資本主義・ユニバーサルベーシックインカムの未来へ』那須里山舎、二〇二〇年）
・Yee, A. K. & Hayakawa, K. 2023. Medical Epistemology Meets Economics: How (Not) to GRADE Universal Basic Income Research. *Journal of Economic Methodology*, 30(3), 245-264.
・Yeung, Y. & Howes, S. 2015. Resources-to-Cash: A Cautionary Tale from Mongolia. *Development Policy Centre Discussion Paper No. 42*.

第3章

・阿部彩、東悠介、梶原豪人、石井東太、谷川文菜、松村智史「生活保護の厳格化を支持するのは誰か――一般市民の意識調査を用いた実証分析」『社会政策』11(2)：一四五－一五八頁、二〇一九年
・大石亜希子「１９８０年代半ば以降の雇用共稼ぎの増加とその背景」『日本労働研究雑誌』59(12)：四－一六頁、二〇一七年
・大竹文雄、斉藤誠「所得不平等化の背景とその政策的含意――年齢階層内効果、年齢階層間効果、人口高齢化効果」『社会保障研究』35(1)：六五－七六頁、一九九九年
・小黒一正「急増する貧困高齢者と生活保護費の簡易推計」東京財団政策研究所、二〇一八年（https://www.tkfd.or.jp/research/detail.php?id=2931 二〇二四年八月一五日閲覧）
・角崎洋平「選択結果の過酷性をめぐる一考察――福祉国家における自由・責任・リベラリズム」『立命館言語文化研究』24(4)：四三－五七頁、二〇一三年
・川野英二「大阪市民の貧困観と近隣効果――貧困層は対立しているのか？」『貧困研究』9号：一八－二九頁、二〇一二年
・北尾早霧「少子高齢化によるマクロ経済への影響と持続可能な社会保障政策の考察」金融調査研究会事務局編『持続可能な社会保障制度に資する金融のあり方』二七－三六頁、二〇一七年

・ゴティエ、デイヴィッド『合意による道徳』小林公訳、木鐸社、一九九九年
・佐藤康仁「財政問題 世代間均衡の回復と世代間利害調整の必要性」『経済政策ジャーナル』8(2)：八七–九〇頁、二〇一一年
・参議院「旧優生保護法に基づく優生手術等を受けた者に対する一時金の支給等に関する法律第21条に基づく調査報告書」二〇二三年（https://www.sangiin.go.jp/japanese/ugoki/r5/230619_houkokusho.html 二〇二四年八月一〇日閲覧）
・島澤諭「財政再建が世代間不均衡に与える影響について――世代会計による定量的な分析」№0604、早稲田大学現代政治経済研究所 Working Paper Series、二〇〇七年
・人口問題審議会編『日本人口の動向――静止人口をめざして』大蔵省印刷局、一九七四年
・杉田菜穂「戦前の人口政策――量と質への関心」小島宏、廣嶋清志編著『人口政策の比較史――せめぎあう家族と行政』第3章、日本経済評論社、二〇一九年
・鈴木亘、増島稔、白石浩介、森重彰浩「社会保障を通じた世代別の受益と負担」内閣府経済社会総合研究所ディスカッション・ペーパー・シリーズ（281）、二〇一二年
・舘稔「人口問題研究所（研究所総点検）」『公衆衛生』36(6)：三九六–三九七頁、一九七二年
・橘木俊詔『日本の経済格差――所得と資産から考える』岩波新書、一九九八年
・寺井公子、アミハイ・グレーザー、宮里尚三『高齢化の経済学――地方分権はシルバー民主主義を超えられるか』有斐閣、二〇二三年
・内閣府「令和6年版高齢社会白書」（全体版）（cao.go.jp 二〇二四年七月二九日閲覧）
・八田達夫、小口登良『年金改革論――積立方式へ移行せよ』日本経済新聞社、一九九九年
・A・V・バナジー、E・デュフロ『貧乏人の経済学――もういちど貧困問題を根っこから考える』山形浩生訳、みすず書房、二〇一二年
・ベネター、デイヴィッド『生まれてこないほうが良かった――存在してしまうことの害悪』小島和男、田村宜義訳、すずさわ書店、二〇一七年
・ボウルズ、サミュエル『不平等と再分配の新しい経済学』佐藤良一、芳賀健一訳、大月書店、二〇一三年

・前田佐恵子、山崎朋宏、河越正明「世代会計の再検討――生涯消費からみた世代間格差」『経済分析』２０５号：一二一-一三三頁、二〇二二年
・増島稔、田中吾朗「世代間不均衡の研究Ⅰ――財政の持続可能性と世代間不均衡」内閣府経済社会総合研究所ディスカッション・ペーパー・シリーズ（２４６）、二〇一〇年
・宮里尚三「世代間再分配政策と世代間負担」『社会保障研究』34（2）：二〇三-二一一頁、一九九八年
・八代尚宏、島澤諭、豊田奈穂「社会保障制度を通じた世代間利害対立の克服――シルバー民主主義を超えて」ＮＩＲＡモノグラフシリーズ、№34：一一頁、二〇一二年
・渡辺真知子「コーホート分析からみたわが国の出生力転換」『三田学会雑誌』73（6）：九六〇-九八八頁、一九八〇年
・Alesina, A. F., Glaeser, E. L., & Sacerdote, B.（2001）. Why doesn't the US have a European-style welfare system?. Working Paper 8524.
・Alesina, A., & Giuliano, P.（2011）. Preferences for redistribution. In *Handbook of social economics*（Vol. 1, pp. 93–131）. North-Holland.
・Alesina, A., Stantcheva, S., & Teso, E.（2018）. Intergenerational mobility and preferences for redistribution. *American Economic Review*, 108（2）, 521–554.
・Åkerblom, H. K., Vaarala, O., Hyöty, H., Ilonen, J., & Knip, M.（2002）. Environmental factors in the etiology of type 1 diabetes. *American journal of medical genetics*, 115（1）, 18–29.
・Anderson, E. S.（1999）. What Is the Point of Equality?. Ethics, 109（2）, 287–337.
・Auerbach, A. J., & Kotlikoff, L. J.（1987）. Evaluating fiscal policy with a dynamic simulation model. *The American Economic Review*, 77（2）, 49–55.
・Auerbach, A. J., Gokhale, J., & Kotlikoff, L. J.（1991）. Generational accounts: A meaningful alternative to deficit accounting. *Tax policy and the economy*, 5, 55–110.
・Bourguignon, F., Ferreira, F. H., & Menéndez, M.（2007）. Inequality of opportunity in Brazil. *Review of income and Wealth*, 53（4）, 585–618.
・Cappelen, A. W., Hole, A. D., Sørensen, E. Ø., & Tungodden, B.（2007）. The pluralism of fairness ideals: An experimental

approach. *American Economic Review*, 97(3), 818–827.

- Cappelen, A. W., Sørensen, E. Ø., & Tungodden, B. (2010). Responsibility for what? Fairness and individual responsibility. *European Economic Review*, 54(3), 429–441.
- Dahlquist, G., Blom, L., Tuvemo, T., Nyström, L., Sandström, A., & Wall, S. (1989). The Swedish childhood diabetes study-results from a nine year case register and a one year case-referent study indicating that type 1 (insulin-dependent) diabetes mellitus is associated with both type 2 (non-insulin-dependent) diabetes mellitus and autoimmune disorders. *Diabetologia*, 32, 2–6.
- Fong, C. (2001). Social preferences, self-interest, and the demand for redistribution. *Journal of Public economics*, 82(2), 225–246.
- Gaertner, W., & Schwettmann, L. (2007). Equity, responsibility and the cultural dimension. *Economica*, 74(296), 627–649.
- Gardiner, S. M. (2011). *A perfect moral storm: The ethical tragedy of climate change*. Oxford University Press.
- Hatta, T., & Oguchi, N. (1992). Changing the Japanese social security system from pay as you go to actuarially fair. *Topics in the Economics of Aging*, 207–248.
- OECD Trends Shaping Education 2022, https://www.oecd.org/en/publications/trends-shaping-education-2022_6ae8771a-en.html（二〇二四年八月三一日閲覧）
- Persson, S., Gerdtham, U. G., Carlsson, K. S., & Swedish Childhood Diabetes Study Group. (2016). Labor market consequences of childhood onset type 1 diabetes. *Economics & Human Biology*, 23, 180–192.
- Persson, E., Persson, S., Gerdtham, U. G., Steen Carlsson, K., & Swedish Childhood Diabetes Study Group. (2019). Effect of type 1 diabetes on school performance in a dynamic world: new analysis exploring Swedish register data. Applied Economics, 51(24), 2606–2622.
- Rawls, J. (1958). Justice as Fairness. Philosophical Review 67(2), 164–194.
- Rawls, J. (1971). A Theory of Justice. Harvard University Press（川本隆史、福間聡、神島裕子訳『正義論』新訳版、紀伊國屋書店、二〇一〇年）

・Roemer, J. E., & Trannoy, A.（2015）. Equality of opportunity. In *Handbook of income distribution*（Vol. 2, pp. 217–300）. Elsevier.
・Schokkaert, E., & Devooght, K.（2003）. Responsibility-sensitive fair compensation in different cultures. Social Choice and Welfare, 21(2), 207–242.

第４章

・吾郷眞一「ビジネスと人権――ソフトローの役割」『法律時報』91(10)：五七–六二頁、二〇一九年
・芦部信喜、高橋和之補訂『憲法』第8版、岩波書店、二〇二三年
・伊藤和子『ファストファッションはなぜ安い？』コモンズ、二〇一六年
・伊藤恭彦『タックス・ジャスティス――税の政治哲学』風行社、二〇一七年
・上村雄彦『グローバル・タックスの可能性――持続可能な福祉社会のガヴァナンスをめざして』ミネルヴァ書房、二〇〇九年
・上村雄彦『不平等をめぐる戦争――グローバル税制は可能か？』集英社新書、二〇一六年
・上村雄彦「グローバル・タックス、ＧＢＩ、世界政府」『世界』９４９号：一三六–一四七頁、二〇二一年
・上村雄彦「グローバル・タックスの実現で世界政府の設立へ」『談』№１２３：三七–六五頁、二〇二二年
・江島晶子「グローバル化社会と法――誰がルールを作るのか？「現代奴隷」を素材として」『法学セミナー』67(4)：二七–三二頁、二〇二二年
・岡真理『彼女の「正しい」名前とは何か――第三世界フェミニズムの思想』新装版、青土社、二〇一九年
・オストロム、エリノア「集合行為と社会的規範の進化」木村久徳、中村まづる訳『公共選択の研究』54号：三一–一九頁、二〇一〇年
・小野耕二「法整備支援の比較政治学的考察をめざして――Ｅ・オストロームの支援論を手がかりに」『法政論集』２０６号：九三–一一八頁、二〇〇五年
・絹川健一「英国現代奴隷法の政府方針と改正案にみるサプライチェーンの透明化をめぐる国際的潮流」『法の支配』２０４号：五四–六四頁、二〇二二年
・木山幸輔『人権の哲学――基底的価値の探究と現代世界』東京大学出版会、二〇二二年

・木山幸輔「道徳的人権ではなく国際法的人権として人権は正当化されるべきなのか――A・ブキャナンの「転向」を手がかりとする一考察」『公共研究』19(1)：四九-一〇六頁、二〇二三a年
・木山幸輔「貧困とどう向き合い、考えていくか？――あるコンゴ人医師による提起と政治・思考」飯田高、近藤絢子、砂原庸介、丸山里美編『世の中を知る、考える、変えていく――高校生からの社会科学講義』有斐閣、一七四-一八七頁、二〇二三b年
・坂元茂樹「ビジネスと人権――国際的な潮流」『法律のひろば』73(4)：四-一二頁、二〇二〇年
・佐藤泉「企業活動におけるソフトロー」『法学セミナー』64(9)：三五-四〇頁、二〇一九年
・下田屋毅「サプライチェーンにおける人権侵害の根絶に向けた国際的な動向」『国際人権ひろば』№１４３：二〇一九年
・菅原絵美「企業の社会的責任と国際制度――「ビジネスと人権」を事例に」『論究ジュリスト』19号：五一-五八頁、二〇一六年
・菅原絵美「国連ビジネスと人権に関する指導原則の登場と展開」『法の支配』２０４号：三三-四二頁、二〇二二年
・セン、アマルティア「人権と私たちの義務」谷澤正嗣訳『早稲田政治經濟學雑誌』３９４号：九-一七頁、二〇一九年
・高橋大祐「サプライチェーンを通じた人権デュー・ディリジェンスの実務と法律家の役割」『法の支配』２０４号：六五-七八頁、二〇二二年
・瀧川裕英『国家の哲学――政治的責務から地球共和国へ』東京大学出版会、二〇一七年
・田瀬和夫「国際社会の価値転換における「ビジネスと人権」と「国別行動計画」の位置づけ」『法律のひろば』74(12)：一三-二〇頁、二〇二一年
・田中成明『現代法理学』有斐閣、二〇一一年
・週刊東洋経済編集部編『ビジネスと人権』週刊東洋経済eビジネス新書、二〇二二年
・戸田真紀子「国際社会のルールと家父長制社会の規範――ゼロ・トレランス政策を超えて」宮脇幸生、戸田真紀子、中村香子、宮地歌織編著『グローバル・ディスコースと女性の身体――アフリカの女性器切除とローカル社会の多様性』三二-四九頁、晃洋書房、二〇二一年

・中村香子「グローバル・ディスコースとアフリカの女性器切除」宮脇幸生、戸田真紀子、中村香子・宮地歌織編著『グローバル・ディスコースと女性の身体――アフリカの女性器切除とローカル社会の多様性』一-一二頁、晃洋書房、二〇二一年
・中村香子「〈女子割礼／女性器切除〉をめぐる多様性と柔軟性のエスノグラフィー――ケニア牧畜社会におけるＦＧＭ／Ｃ廃絶運動の功罪」宮脇幸生、戸田真紀子、中村香子、宮地歌織編著『グローバル・ディスコースと女性の身体――アフリカの女性器切除とローカル社会の多様性』九七-一二〇頁、晃洋書房、二〇二一年
・西川潤『データブック貧困』岩波書店、二〇〇八年
・華井和代『資源問題の正義――コンゴの紛争資源問題と消費者の責任』東信堂、二〇一六年
・広瀬巌『パンデミックの倫理学――緊急時対応の倫理原則と新型コロナウイルス感染症』勁草書房、二〇二一年
・濱本正太郎、荒井勝、大村恵実、富山未来仁、長谷川知子、若林秀樹「座談会「ビジネスと人権」」『法の支配』２０４号、七-三二頁、二〇二二年
・毎日新聞「ＤＨＣに日弁連警告――在日コリアン差別文掲載」二〇二二年四月九日（https://mainichi.jp/articles/20220409/ddp/012/040/013000c 二〇二四年三月三一日閲覧）
・松尾弘「グローバル化とソフトロー」『法学セミナー』64(9)：二四-二九頁、二〇一九年
・松本悟編『被害住民が問う開発援助の責任――インスペクションと異議申し立て』築地書館、二〇〇三年
・ムクウェゲ、デニ&オーケルンド、ベッティル『すべては救済のために――デニ・ムクウェゲ自伝』加藤かおり訳、あすなろ書房、二〇一九年
・棟居徳子「新型コロナウイルス感染症対策の人権影響評価――新型コロナウイルス感染症の人権への影響をモニタリングするための指標の特定」『国際人権』No.32：九-一五頁、二〇二一年
・諸富徹『私たちはなぜ税金を納めるのか――租税の経済思想史』新潮選書、二〇一三年
・山田美和「なぜ「人権デュー・ディリジェンス」を義務化するのか――欧州における法制化の動向と課題」日本ＩＬＯ協議会『Work & life』２０２１(６)：一二-一六頁、二〇二一年
・山田肖子「グローバル・ナラティブとしての持続可能性」山田肖子編著『「持続可能性」の言説分析――知識社会学の視点を中心として』東信堂、二〇二三年

・ヤング、アイリス・マリオン『正義への責任』岡野八代、池田直子訳、岩波現代文庫、二〇二二年
・ラギー、ジョン・ジェラルド『正しいビジネス――世界が取り組む「多国籍企業と人権」の課題』東澤靖訳、岩波書店、二〇一四年
・Beitz, Charles, *The Idea of Human Rights*, Oxford: Oxford University Press, 2009.
・Bernaz, Nadia, *Business and Human Rights: History, Law and Policy-Bridging the Accountability Gap*, Abingdon: Routledge, 2017.
・Buchanan, Allen, *The Heart of Human Rights*, Oxford: Oxford University Press, 2013.
・Chapman, Andrew, *Human Rights Obligations of Non-State Actors*, Oxford: Oxford University Press, 2006.
・Gilabert, Pablo, *Human Dignity & Human Rights*, Oxford: Oxford University Press, 2018.
・Gilabert, Pablo, *Human Dignity and Social Justice*, Oxford: Oxford University Press, 2023.
・Lal, Vinay, "Gandhi & Human Rights" M. K. Ghandhi Annual Lecture 2019, 2019.（https://www.youtube.com/watch?v=6aQ7EHHiUVQ）
・Landman, Todd, "Quantitative analysis" in Rhona Smith and Lee McConnell（eds.）, *Research Methods in Human Rights*, Abingdon: Routledge: 94–113, 2018
・Hope, Simon, 'Human Rights: Sometimes One Thought Too Many?', *Jurisprudence*, Vol. 7, No. 1: 111–126, 2016
・Hope, Simon, "Normative Disorientation and a Limitation of Human Rights" in Kimberley Brownlee, David Jenkins, and Adam Neal（eds.）, *Being Social: The Philosophy of Social Human Rights*, Oxford: Oxford University Press: 252–273, 2022.
・Luban, David, "Human Rights Pragmatism and Human Dignity," in Rowan Cruft, S. Matthew Liao, Massimo Renzo（eds.）, *Philosophical Foundations of Human Rights*, Oxford: Oxford University Press: 263–78, 2015.
・Newton, Alex, *The Business of Human Rights: Best Practice and the UN Guiding Principle*, London: Routledge, 2019.
・Sen, Amartya, "Human Rights and the Limits of Law," Cardozo Law Review, Vol 27(6)（April 2006）, pp. 2913–2927: 2006.
・Sen, Amartya, "The Global Reach of Human Rights," The Journal of Applied Philosophy, Vol. 29, No. 2: 91–100, 2012.
・Tasioulas, John, "Exiting the Hall of Mirrors: Morality and Law in Human Rights" in Tom Campbell and Kylie Bourne（eds.）, *Political and Legal Approaches to Human Rights*, London: Routledge: 73–89, 2018.

- Wenar, Leif, *Blood Oil: Tyrants, Violence, and the Rules that Run the World*, Oxford: Oxford University Press, 2016.
- Young, Iris Marion, "From Guilt to Solidarity: Sweatshops and Political Responsibility," *Dissent*, Vol. 50, No. 2 (Spring 2003): 39–44, 2003

●責任編者・執筆者紹介●

※［ ］内は執筆担当部分

【責任編者】

神島裕子（かみしま・ゆうこ） 立命館大学総合心理学部教授。東京大学大学院総合文化研究科博士課程修了。博士（学術）。研究テーマは、現代正義論とケイパビリティ・アプローチ。著作に『ポスト・ロールズの正義論―ポッゲ・セン・ヌスバウム』(ミネルヴァ書房)、『正義とは何か―現代政治哲学の6つの視点』(中公新書) など［責任編者解題］

【執筆者】

金山　準（かねやま・じゅん） 北海道大学大学院メディア・コミュニケーション研究院教授。東京大学大学院総合文化研究科博士課程修了。博士（学術）。研究テーマは近現代フランス社会思想史。著作に『プルードン―反「絶対」の探求』(岩波書店)、「アソシエーションの二つの(失われた)起源―フーリエとサン＝シモン主義」『シャルル・フーリエの新世界』(共著、水声社) など［第1章］

早川健治（はやかわ・けんじ） 翻訳家・通訳者。ユニバーシティ・カレッジ・ダブリン哲学科修士課程修了。配信番組「フィネガンズ・ウェイクを読む」主催者。認証活動団体「本のフェアトレード」発起人。kenjihayakawa.com［第2章］

迫田さやか（さこだ・さやか） 同志社大学経済学部准教授。同志社大学大学院経済学研究科博士後期課程退学。博士（経済学）。研究テーマは、所得分配論(格差問題)と医療経済学。著作に『夫婦格差社会―二極化する結婚のかたち』(共著、中公新書) や『離婚の経済学―愛と別れの論理』(共著、講談社現代新書)、『不倫―実証分析が示す全貌』(共著、中公新書) など［第3章］

木山幸輔（きやま・こうすけ） 筑波大学人文社会系助教。東京大学総合文化研究科博士課程士課程単位取得満期退学。博士（学術）。研究テーマは、道徳・政治・法哲学。著作に『人権の哲学―基底的価値の探究と現代世界』(東京大学出版会)、『世の中を知る、考える、変えていく―高校生からの社会科学講義』(共著、有斐閣) など［第4章］

は 行

ま 行

や 行

ら 行

索　　引

《未来世界を哲学する・第7巻》
生活保障と税制度の哲学

令和7年1月30日　発　行

責任編者　神　島　裕　子

発行者　池　田　和　博

発行所　丸善出版株式会社
〒101-0051 東京都千代田区神田神保町二丁目17番
編集：電話(03)3512-3264／FAX(03)3512-3272
営業：電話(03)3512-3256／FAX(03)3512-3270
https://www.maruzen-publishing.co.jp

組版印刷・製本／藤原印刷株式会社

ISBN 978-4-621-30989-6 C 1310　Printed in Japan

《未来世界を哲学する・全12巻》刊行にあたって

日本を含めて二一世紀の人類社会は、前世紀から引き続くグローバル化や、地球温暖化、デジタル化、人口高齢化などによって、経済・共同・公共・文化のあらゆる領域で大きく変容し、従来の思考の枠組みでは対応できないような課題群に直面しています。

いま、哲学・思想に関わる人文学・社会科学系の研究者に求められているのは、理系・技術系の分野と融合しながら、三〇年後、五〇年後の未来を見据えつつ、そうした課題群に対して大局的かつ根本的に挑戦し、人類社会の進むべき方向を指し示すことではないでしょうか。

本シリーズは、次世代を担う若手・中堅の研究者を積極的に起用し、たんなる理論の紹介ではなく、時代の要請に応える生きた思想を尖った形で提示してもらうことで、高校生から大学生や一般の人々にとって、それらが未来世界を考え生きるためのヒントになってくれることを目指しています。

丸善出版では二〇〇二年から数年かけて「現代社会の倫理を考える」全17巻を刊行しました。本シリーズはその後継になりますが、前記の目標を達成するために、課題群に対応した全巻の構成、各章の設定、執筆者の選定、原稿の査読に関して編集委員会が一貫した責任をもつとともに、各巻を少数精鋭の四人で執筆し、それに論点を整理した解題を付けるという点に、前シリーズとも類書とも異なる特徴があります。

〔編集委員会〕森下直貴（委員長）、美馬達哉、神島裕子、水野友晴、長田 怜